浙江省哲学社会科学一般规划项目
"家族企业权力配置对代际传承的影响机理及其优化对策"（19NDJC186YB）资助

叶云龙　徐欢◎著

家族权力配置
对代际传承的影响机理
及其优化对策研究

Influence Mechanism of Family Power Configuration
on Intergeneration Succession in Family Firms and
Its Optimization Countermeasures

中国财经出版传媒集团

经济科学出版社
Economic Science Press

图书在版编目（CIP）数据

家族权力配置对代际传承的影响机理及其优化对策研究／叶云龙，徐欢著. -- 北京：经济科学出版社，2022.6

ISBN 978 - 7 - 5218 - 3803 - 9

Ⅰ.①家… Ⅱ.①叶… ②徐… Ⅲ.①家族 - 私营企业 - 企业管理 - 研究 - 中国 Ⅳ.①F279. 245

中国版本图书馆 CIP 数据核字（2022）第 113004 号

责任编辑：杜　鹏　刘　悦
责任校对：王肖楠
责任印制：邱　天

家族权力配置对代际传承的影响机理及其优化对策研究
叶云龙　徐欢　著
经济科学出版社出版、发行　新华书店经销
社址：北京市海淀区阜成路甲 28 号　邮编：100142
编辑部电话：010 - 88191441　发行部电话：010 - 88191522
网址：www. esp. com. cn
电子邮箱：esp_bj@ 163. com
天猫网店：经济科学出版社旗舰店
网址：http：//jjkxcbs. tmall. com
固安华明印业有限公司印装
710×1000　16 开　12. 75 印张　200000 字
2022 年 8 月第 1 版　2022 年 8 月第 1 次印刷
ISBN 978 - 7 - 5218 - 3803 - 9　定价：68. 00 元
（图书出现印装问题，本社负责调换。电话：010 - 88191510）
（版权所有　侵权必究　打击盗版　举报热线：010 - 88191661
QQ：2242791300　营销中心电话：010 - 88191537
电子邮箱：dbts@ esp. com. cn）

前　言

　　家族企业对资本市场的影响深远，在各国经济发展中居于不可或缺的地位。随着"创一代"年龄的逐渐增长，未来 5~10 年我国家族企业将面临代际传承的高峰期。与国外家族企业不同，中国家族企业"创一代"特质的不可传递与难以替代性，以及传承中"老臣"与"少主"特殊利益关系处理，使中国家族企业代际传承变得更为复杂。如何破解中国家族企业的代际传承困境从而实现可持续发展对新时代经济平稳发展意义重大。

　　代际传承是一个长期社会化的过程，已有文献对传承过程及其要素进行了有益探索。近年来，结合中国情景的代际传承研究也不断涌现。然而，就代际传承早期阶段这一家族企业发展重要时期的研究仍显不足。对此，有学者呼吁进一步深入研究家族企业代际传承早期阶段的行为特性，为破解家族企业的"传承之谜"贡献学术力量。家族权力配置是实现家族企业代际顺利传承的重要前置因素，在很大程度上蕴涵了代际传承早期阶段的行为特征，从家族权力配置的视角诠释代际传承的内生逻辑以及正式制度和非正式制度的替代机制，对破解中国家族企业传承困境具有重要的理论价值。

　　本书从家族所有权和控制权结构的多维视角系统解构了家族企业的权力配置，同时以家族权力配置作为切入点，探究夫妻共同持股和家族超额控制对代际传承的影响机理，并从正式制度（地区市场化水平）和非正式制度（地区社会信任水平）的双重视角揭示其理论边界。以 2008~2016 年中国家族上市公司为研究对象的实证研究表明，夫妻共同持股的治理方式可以促进家族企业代际传承偏好，股东会家族超额控制会抑制代际传承倾向，家族超额董事席位、家族超额经理职位则能够激励代际传承倾向；机制检验发现，夫妻共同持股、家族超额董事席位以及家族超额经理职位可以抑制企业代理成本，而股东会家族超额控制则加剧了代理问题。研究还发现，地区市场化水平和地区社会信任水平会缓解股东会家族超额控制对代际传承的抑制效应，增强夫妻共同持股、家族超额董事席位、家族超额经理职位对代际传承的激励效应。基准回归结果、工具变量和 PSM 内生性检验、关键变量替代或不同家族企业定义的敏感性测试均支持了上述研究结论。本书还考察了家族权力配置产生的代际传承的经济后果，研究发现，夫妻共同持股、家族超额董事席位以及家族超额经理职位产生的代际传承提升了企业价值和研发投入水平，并改善了债务结构；股东会家族超额控制产生的代际传承则抑制了企业价值和研发投入水平，并恶化了债务结构。

本书有助于从家族治理结构的视角拓展并深化对家族企业异质性的理解，丰富家族企业代际传承的驱动机制研究，同时从地区市场化水平和地区社会信任水平的双重视角揭示正式制度和非正式制度的作用边界，还有助于从家族治理结构的角度丰富并深化代际传承的经济后果研究。上述研究结论还进一步为宏观制度平台建设优化以及微观公司治理机制运等方面提供政策建议或管理启示。

叶云龙　徐欢

2022 年 5 月

目　　录

第 1 章

绪　　论

1.1　研究背景

作为民营企业的主流治理模式，家族企业是我国市场经济体系建设的一支重要力量，对我国就业、税收、产业结构转型升级以及市场主体建设都有举足轻重的作用。党的十九大报告明确指出"支持民营企业发展，激发各类市场主体活力"是"加快完善社会主义市场经济体制"的一项重要举措。家族企业代际传承及其可持续发展，事关家族企业的战略发展，与新时代经济平稳发展密切相关。与此同时，新时代以寻求转轨制度"空隙"为重要特征的家族企业发展模式将难以维系，亟须演化与突破。而且，未来 5～10 年家族企业将迎来代际传承的高峰期，届时面临严峻的考验，而家族权力配置贯穿代际传承的全过程，影响家族价值观或家族准则的塑造及其在未来的传递。总的来看，当前家族企业大量存在着一代与二代经营理念不统一、公司治理机制不规范以及家族岗位安排和代际传承考虑不系统等突出问题，亟须从理论和实践两个层面对家族企业权力配置与代际传承进行系统研究，这对破解家族企业代际传承困境，优化与创新家族治理机制，促进经济转型升级，夯实现代化经济体系等具有重要的理论价值和现实意义。

1.1.1　现实背景

作为一种古老的组织形式，家族企业是古代经济发展和历史文明演化的基石，对推动西方文明进化发挥着不可或缺的作用（Bird et al.，2002）。即便在当今高度发达的市场经济体中，家族企业仍是普遍存在的一种组织形式。据盖尔西克等（Gersick et al.，1997）估计，世界范围内由家庭所有或经营的企业占全世界企业的比例高达 65% ~ 80%；奥尔德里奇和克里夫（Aldrich and Cliff，2003）甚至推测，家族企业占世界范围内所有类型企业的数量比例可能高达 90% 左右。一些耳熟能详的跨国"巨鳄"，例如，美国的沃尔玛、IBM、福特、杜邦，德国的宝马、西门子、麦德龙，英国的Sainsbury、吉尼斯，法国的家乐福、标致、雪铁龙，日本的丰田、本田、三菱，韩国的三星、LG、现代，中国香港地区的长江实业、和记黄浦等，都是家族企业。此外，随着国际资本市场的迅猛发展，家族企业也扎根于其所在国家的资本市场（见表1 – 1），占据的市场地位不容小觑，甚至席卷所在国家的大半壁资本市场。

表 1 – 1　　　东亚、东南亚与西欧国家（地区）的家族企业所占比例

东亚、东南亚国家（地区）	家族企业比例（%）	西欧国家	家族企业占比（%）
中国香港地区	66.7	奥地利	52.9
印度尼西亚	71.5	比利时	51.5
日本	9.7	芬兰	48.8
韩国	24.6	法国	64.8
马来西亚	67.2	德国	64.6
菲律宾	44.6	爱尔兰	24.6
新加坡	55.4	意大利	59.6
中国台湾地区	48.2	挪威	38.6
泰国	61.6	葡萄牙	60.3
		西班牙	55.8

东亚、东南亚国家（地区）	家族企业比例（%）	西欧国家	家族企业占比（%）
		瑞典	46.9
		瑞士	48.1
		英国	23.7

注：以 20% 的家族所有权作为临界比例。

资料来源：根据 Claessens et al.（2000）、Faccio and Lang（2002）资料整理，转引自魏志华. 中国家族上市公司股利政策研究：问题与治理 [M]. 北京：北京大学出版社，2014：5.

　　家族企业不仅在世界各国广泛存在，而且对推动世界经济发展具有举足轻重的作用。纽鲍尔和兰克（Neubauer and Lank，1998）曾指出，家族企业对世界国内生产总值（GDP）的贡献可能达到 45%～70%，有学者甚至认为，大多数国家的经济命脉是由家族企业掌控的（Chrisman et al.，2005a）。当代美国家族企业雇用了近 80% 的劳动力，并贡献了 40%～60% 的国民生产总值（GNP）（Sharma et al.，1996；Neubauer and Lank，1998）。就资本市场而言，法乔和郎（Faccio and Lang，2002）研究认为，欧洲约 44% 的公众上市公司是由家族控制的；即使在股权分散的美国资本市场，安德森和里布（Anderson and Reeb，2003）的研究依然表明，约 33% 的 S&P 500 公众上市公司由家族控制。

　　当今中国，民营企业已经成为经济发展的驱动引擎（Bai et al.，2006），是我国市场经济体系建设的一支重要力量。据估计，民营经济对 GDP 的贡献已超过 50%[①]，而绝大多数民营企业是家族企业。中国家族企业发展报告（2011）调查数据显示，家族企业占民营企业的比例高达 85.4%[②]。从这个意义上讲，家族企业对中国经济增长贡献、就业创造以及税收贡献的作用可能超乎想象。党的十九大报告明确指出"支持民营企业发展"的重大战略方针。就中国资本市场而言，随着股票发行制度由审批制向注册制的转变以及混合所有制改革的持续推进，中国家族企业在资本市场的作用将越加凸显

[①]　资料来源：http://finance.sina.com.cn/china/20121207/070313928097.shtml.

[②]　中国民（私）营经济研究会家族企业研究课题组. 中国家族企业发展报告（2011）[M]. 北京：中信出版社，2011：12.

（Xia，2008），因而研究家族企业具有重大的现实意义。

1.1.2　理论背景

1.1.2.1　家族企业研究：一个还待深入探讨的现代意义话题

国内外家族企业研究起步均较晚。20 世纪 80 年代以前，学术界几乎漠视家族企业研究（Bird et al.，2002）。著名的管理学大师德鲁克曾批判，"虽然大部分企业——包括美国和所有其他发达国家的，均由家族控制和管理，奇怪的是：有关管理的书籍和课程却几乎完全是针对公共和专业管理的企业，它们难得提及家族经营的企业"；戴尔（Dyer，2003）指出，主流管理学理论常常忽视家族变量，若将家族变量纳入研究设计，可以增加研究结论的稳健性、适用性；克里斯曼等（Chrisman et al.，2003）更是认为，如果创业及管理的主流理论排斥家族企业，那么现有研究可能忽略了该理论更为稳健、更有价值的影响因素。不过，令人欣喜的是，近 30 年以来，家族企业研究日益受到学者重视，呈现日益增长、蓬勃发展的趋势（Sharma et al.，2012），是发展迅速的一个重要研究领域（Gedajlovic et al.，2012），众多高规格文献不断涌现（Duran et al.，2016；Bertschi-Michel et al.，2019；李新春等，2020；刘星等，2021；罗进辉等，2021；王扬眉等，2021）。

国内学者李新春（1998）较早意识到家族制度的重要性，认为"经济学者对家族制度研究的漠视是令人惊异的"，"在缺乏对家族制度深入了解的情况下，对中国经济特别是企业组织的发展将是难以准确把握的"。此后，储小平（2000）在《中国社会科学》发表文章，旗帜鲜明地指出，作为必不可少的一个研究对象，家族企业研究本身即是一个具有现代意义的话题，而国内学术界对此的长期忽视，已然成为我国经济学和管理学的一个重要缺陷。尽管如此，通过对 1990 ~ 2008 年国内家族企业的文献计量分析，魏志华等（2013）研究发现，家族企业研究仍未引起国内学者的足够重视，依然远落后于家族企业的发展趋势。就此而言，进一步探究中国家族企业行为及其特征是理论界和实务界的现实诉求。

1.1.2.2　家族权力配置与代际传承"早期阶段"的研究不足

当前中国家族企业面对的一个重要现实问题是，预计未来 5～10 年，中国家族企业将迎来代际传承的高峰期，届时面临严峻的考验（王扬眉等，2021）。家族企业的成功传承对其成长与发展乃至对新冠肺炎疫情冲击下中国经济的可持续发展意义重大。尤其重要的是，与国外家族企业不同，国内家族企业"创一代"特质的不可传递与难以替代性，以及传承中"老臣"与"少主"特殊利益关系处理，使中国家族企业代际传承变得更为复杂。就此而言，研究家族企业代际传承具有重大的理论意义与现实意义。

相较于非家族企业，源于目标、公司治理和资源等变量，家族企业的异质性特征更为复杂（Chua et al.，2012），其中，家族企业的权力配置作为一项重要的家族治理机制，是家族企业异质性的一项关键来源（Daspit et al.，2018）。家族权力配置贯穿代际传承的全过程，影响家族价值观或家族准则的塑造及其在未来的传递，对家族企业代际传承的战略部署有着重要影响。然而，一方面，就公司治理而言，已有研究对家族权力配置的内涵界定或控制权结构的解构相对较为单一，还待进一步完善，尽管陈德球等（2013a）从股东会剩余控制权和董事会决策控制权两个层次分解了家族控制权结构，但更多文献将家族控制等同于家族涉入（Chen and Hsu，2009；Matzler et al.，2015；Sciascia et al.，2015；陈志斌等，2017；吴炳德等，2017；Bendig et al.，2020），或者基于股东会、董事会相对单一层面探究其对企业行为的影响（苏启林和朱文，2003；Liu et al.，2015；陈建林，2015；刘星等，2020；刘星等，2021）。另一方面，自朗格内克和肖恩（Longenecker and Schoen，1986）率先提出"代际传承是一个长期社会化的过程"的观点以来，学者们便不遗余力地构建或检验代际传承过程模型，希冀破解"传承之谜"（Le Breton-Miller et al.，2004；Bennedsen et al.，2015）。遗憾的是，相关研究远未取得一致的研究结论。更重要的是，代际传承"早期阶段"离代际权力交接的时间跨度长，影响家族价值观或家族准则的塑造及其在未来的传递，已有文献却关注不足。与此相关，沙玛等（Sharma et al.，2001）认为，区分初始阶段与随后阶段对研究传承满意度具有重要意义；梅尔和席尔（Meier and Schier，2016）在勒布雷顿－米勒（Le Breton-Miller et al.，2004）传承过程模型基础上的研究发现，在代际传承的"早期阶段"，家族在任者的主要目标是，平衡家族所有者与非家族所有者以及家族大股东与家族小股东之间的利益冲突，使企业和家族提前做好准备，以便顺利实现代际传承。不过，梅尔和席尔（2016）采用法国上市公司的单案例数据，研究第二代向第三代的特定传承类型，研究样本和研究情境过于简单，其结论缺乏普适性。对此，梅尔和席尔呼吁更多的学者进一步深入研究其他传承类型"早期阶段"的行为特征。值得注意的是，由于中国未来 5~10 年将进入代际传承的高峰期，因此，研究代际传承"早期阶段"行为特征凸显了当前家族企业代际传承研究的紧迫性和重要性。

1.2 研究问题与研究意义

1.2.1 研究问题

本书以家族权力配置这一家族治理机制作为切入点，融合代理理论、资源基础理论、社会情感财富理论以及公司治理文献，系统考察我国家族企业代际传承"早期阶段"的行为特征。具体来说，本书要回答以下三个问题：第一，家族权力配置如何影响家族企业的代际传承？第二，在制度环境不同的地区，家族权力配置对代际传承的影响效应是否具有显著差异？第三，家族权力配置产生的代际传承将导致怎样的经济后果？

本书之所以融合社会情感财富理论，以家族权力配置作为代际传承"早期阶段"的传导因素，主要基于以下两个考虑。

（1）作为家族非经济利益的集合，社会情感财富是诠释家族企业独特行为的重要理论或分析视角。社会情感财富（social-emotional wealth，SEW）是指，企业中与家族成员福利和情感需求密切相关的非经济利益集合（Debicki et al.，2016），且具有多维度的结构特征（Gomez-Mejia et al.，2011；Berrone et al.，2012）。需要说明的是，尽管学者们对 SEW 的维度划分有所差异，甚至不尽合理（朱沆等，2012），但 SEW 所具备的两种功能还是得到一致的认同：维系家族对企业的长久管理与控制以及利他主义行为。作为家族进行战略决策的关键参考标准（Chrisman and Patel，2012），SEW 在家族治理与战略决策中扮演了十分重要的作用，例如，影响家族控制（Gomez-Mejia et al.，2007）、控制污染（Berrone et al.，2010）、抑制企业多元化（Gomez-Mejia et al.，2010）、抑制企业国际化（Liang et al.，2014）等。就此而言，无论是家族企业的权力配置，还是代际传承，都需以 SEW 作为关键决策变量。

（2）承载公司治理本质内涵的家族权力配置是家族企业能否实现成功传承的一大基石，可以反映其"早期阶段"的行为特征。费尔南德斯—阿罗兹（Fernández-Aráoz et al.，2015）对 50 家全球领先的家族企业高管访谈的研究表明，优良的公司治理标准是家族企业生存与发展的基本法则之一。显然，以所有权和管理权为核心的家族权力配置是家族企业公司治理机制运行的关键。事实上，所有权和管理权的成功传承依赖于，在遵循公司治理标准的前提下，家族对企业权力配置的严密筹划与精心安排。因此，家族权力配置很大程度上决定家族企业的公司治理水平，进而影响代际传承的效果。不过，需要指出的是，在新兴市场中，由于外生事件冲击（如万科控制权之争事件）或信贷机构的一些特殊融资要求，家族对企业权力配置复杂多样。此外，实现家族所有权和管理权的跨代转移是代际传承的本质诉求（Le Breton-Miller et al.，2004），贯穿于代际传承的全过程。瓦德（Ward，1987）认为，权力交接需要 5～7 年；戴尔（1986）更是建议在位者应从管理积极参与中逐渐退出。因此，只要家族考虑企业传承问题，家族权力配置就进入代际传承的流程，反映其"早期阶段"的行为特征。

1.2.2 研究意义

1.2.2.1 理论意义

第一，本书以中国新兴市场为背景，较为系统地解构了家族企业的权力配置要素，有助于拓展和深化家族企业异质性假定。家族权力配置作为一项重要的家族治理机制，是家族企业异质性的一项关键来源（Daspit et al.，2018），不过，已往研究大多将家族权力配置局限于股东会或董事会的单一层面，从家族所有权及其与控制分离或者家族董事配置等角度来讨论家族企业异质性及其对企业行为的影响，例如，融资决策（Ampenberger et al.，2013；陈德球等，2013b）、股利分配（De Cesari，2012；魏志华等，2012）、信息披露（Hutton，2007；Anderson et al.，2009）、盈余管理（Ding et al.，2011；Martin et al.，2014b）、风险承担（肖金利等，2018）、成本黏性（许宇鹏等，2021）以及战略决策（祝振铎等，2021）。本书从夫妻共同持股这一独特的家族所有权配置以及股东会、董事会和经理层等多个层面解构家族控制权结构，从而推进了家族企业异质性假定。

第二，本书融合委托代理理论、资源基础理论、社会情感财富以及公司治理文献，考察家族权力配置对代际传承的作用机制，有助于拓展和深化代际传承"早期阶段"的相关研究，进而为破解家族企业代际传承困境提供新的研究视角。已有文献研究了家族企业代际传承的诸多影响因素，例如，传承者与继承者及其交互关系（Marshall et al.，2006；Koffi et al.，2014；李新春等，2015；Parker，2016；Joshua et al.，2016；奚菁等，2017；Huang et al.，2019）和企业其他利益相关者的参与（Joshua et al.，2016；Meier and Schier，2016；Bertschi-Michel et al.，2019；Schlepphorst and Moog，2014），而且作为反映代际传承早期阶段的一项重要特征，已有家族权力配置对企业行为影响的文献仍然忽视其对代际传承的影响机理研究，本书关于家族权力配置对代际传承的影响效应研究丰富了代际传承

"早期阶段"的相关研究，并为破解家族企业代际传承困境提供新的研究视角。

第三，本书基于地区市场化水平的正式制度差异和不同社会信任水平的非正式制度特征的双重视角，研究家族权力配置对代际传承影响效应的差异，有助于进一步挖掘新时代转轨经济和新兴市场背景下代际传承的正式制度和非正式制度诱因。已有研究表明了正式制度和非正式制度对企业行为的影响（夏立军和陈信元，2007；辛清泉和谭伟强，2009；唐跃军等，2014；杨兴全等，2014；Pevzner et al.，2015；王艳和李善民，2017；Li et al.，2019；Qin et al.，2022），本书进一步探究地区市场化水平和地区社会信任水平对家族权力配置与代际传承之间关系的作用边界，有助于深化制度特征对家族治理机制的作用边界研究，揭示代际传承的制度诱因。

第四，本书从企业价值、研发投入和债务特征的多角度，利用"大样本"数据检验家族企业代际传承的经济后果，有助于进一步拓展和深化家族企业为实现代际传承进行家族治理结构安排的经济后果。已有研究论证了代际传承产生的盈余管理（Fan et al.，2012）、研发投入（黄海杰等，2018；汪祥耀等，2016；Li et al.，2021）、人力资本（曾颖娴等，2021）等直接经济后果，本书从企业价值、研发投入和债务特征的多重视角系统考察了家族权力配置的代际传承经济后果，有助于拓展和深化家族企业为实现代际传承进行家族治理结构安排的经济后果研究。

1.2.2.2　实践意义

以家族治理机制运行现状以及代际传承困境等问题为导向，重点研究转轨经济和新兴市场下家族权力配置对代际传承的影响机理，并进一步从宏观制度平台建设和微观公司治理机制运行两个层面提出家族治理机制运行的优化对策，这为实现家族企业顺利代际传承、激发企业活力、"支持民营企业发展""鼓励更多社会主体投身创新创业"提供制度与管理实践支持，切实满足进一步落实"加快完善社会主义市场经济体制"的指导精神。

1.3 研究思路、研究方法与技术路线

1.3.1 研究思路

本书以我国家族上市公司为研究对象，探究家族权力配置对代际传承的影响机理及其经济后果。首先，以社会情感财富为基准区分家族企业与非家族企业，并以社会情感财富所体现的管理与控制及利他主义机制两个维度为核心机制，结合社会情感财富理论、代理理论、资源基础理论以及公司治理文献展开后述研究；其次，系统地解构家族企业的权力配置，探究其如何影响代际传承，以及制度环境如何作用于家族权力配置与代际传承之间的关系；再其次，系统考察家族权力配置产生的代际传承会造成怎样的经济后果；最后，根据本书的主要研究结论提出政策和管理建议。本书的研究思路如图 1 - 1 所示。

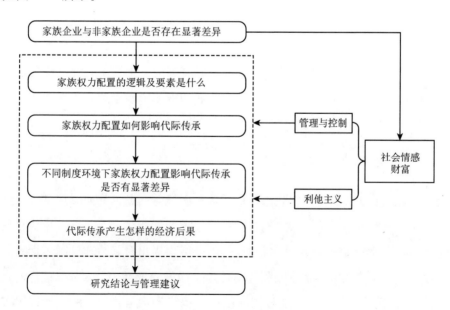

图 1 - 1 研究思路

1.3.2　研究方法

本书结合规范分析与实证分析方法展开以下研究。

（1）采用文献调研法，综合家族企业代际传承、权力配置以及代理理论、资源基础理论、社会情感财富理论等相关文献，采用规范分析方法，同时，结合家族企业情境因素、中国制度背景以及企业管理实践，构建理论分析框架与研究假设。

（2）基于上述理论推导的研究假设以及家族上市公司二手大样本数据，运用 Stata 统计软件进行假设检验，包括内生性检验、关键变量替代、样本敏感性分析等多种方法的稳健性检验。

（3）总结研究结论，指出本书可能存在的局限与未来可能的研究方向，并运用归纳法给出具体政策建议和管理建议。

1.3.3　技术路线

本书分以下四个阶段、六个步骤来展开研究。

1.3.3.1　四个阶段

文献评述与问题提出阶段—构建理论分析框架与假设发展阶段—实证研究阶段—归纳研究结论、总结政策和管理启示阶段。

1.3.3.2　六个步骤

第一步，文献收集与评述：以党的十九大报告"加快完善社会主义市场经济体制"精神为指导，充分结合家族企业这个重要"微观主体"的治理机制和代际传承过程中的理论与现状，提炼研究问题；重点收集社会情感财富、家族权力配置、代际传承、正式制度、非正式制度以及代际传承的经济后果等领域的相关文献，并进行整理分析。

第二步，构建理论分析框架：基于现有文献评述与分析，融合社会情感财富理论、代理理论、资源基础理论和公司治理文献等，基于家族所有权和家族控制权结构的双重维度，系统地解构家族企业的权力配置要素，并在此基础上，以社会情感财富理论、代理理论、资源基础理论和公司治理文献，结合地区正式制度和非正式制度的特定制度背景，构建家族权力配置影响代际传承的理论分析框架。

第三步，理论分析与研究假设：根据以上构建的理论分析框架，通过严谨的理论推导，提出本书有待实证检验的研究假设。

第四步，选择研究样本并收集、整理研究数据：其中，家族上市公司财务数据来源于国泰安、同花顺等数据库，家族上市公司的家族变量数据，主要通过手工收集方式获取。

第五步，实证检验研究假设：根据研究假设、确定的研究样本，收集整理相关数据，选择合适的研究方法对研究假设进行实证检验，并对检验结论进行理论分析。

第六步，根据研究结论，提出政策建议和管理建议：通过对实证研究得出的结论进行理论分析，最终形成本书的主要研究结论。在此基础上，结合家族企业战略成长和代际传承的制度需求特征，从宏观制度平台建设和微观公司治理机制运行两个层面提出优化家族治理机制的对策。

具体技术路线如图 1-2 所示。

1.3.4　篇章安排

全书共分 7 章，具体内容安排如下。

第 1 章是绪论。首先，交代家族企业代际传承的研究背景，指出研究问题与研究意义，简要说明本书采用的研究思路、研究方法；其次，勾勒出本书的技术路线；最后，介绍本书各章节的内容概要，并指出创新之处和研究重难点。

第 2 章是文献综述。首先，系统回顾家族企业界定的文献，在此基础上

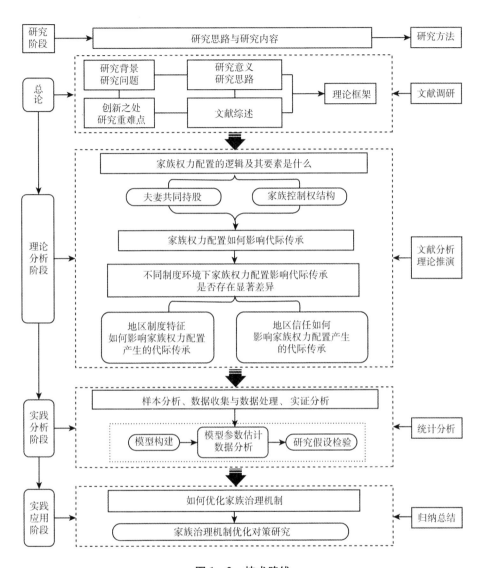

图 1 - 2　技术路线

提出本书对家族企业的界定方法；其次，详细梳理家族权力配置、代际传承的相关文献；最后，述评家族企业代际传承的研究文献，指明潜在的研究机会。

第3章是基础理论与理论框架。首先，简介本书主要涉及的家族企业代理理论、资源基础理论和社会情感财富理论，梳理了与此相关的家族企业文献；其次，介绍中国家族企业研究中所涉及的重要情景变量——重要岗位家族成员涉入；最后，构建了本书的理论分析框架。

第 4 章是制度环境、家族权力配置与代际传承。首先，综合运用委托代理理论、资源基础理论、社会情感财富理论以及公司治理文献，结合重要管理岗位家族成员涉入等特定情景，严密推演家族权力配置影响代际传承的理论逻辑，提出相关的研究假设；其次，严密推演正式制度（地区市场化水平）以及非正式制度（地区社会信任水平）影响家族权力配置对代际传承作用机制的理论边界，并提出相应的研究假设。

第 5 章是研究设计与实证分析。首先，对上述理论模型进行研究设计，包括样本获取、数据取得途径、模型设定以及变量定义；其次，进行实证分析与讨论。

第 6 章讨论代际传承的经济后果。首先，基于研究的完整性，探究由家族权力配置产生的代际传承的经济后果，在对家族企业代际传承经济后果文献进行简要回顾的基础上，进行研究设计与实证分析，包括样本获取、数据取得途径、模型设定以及变量定义；其次，进行实证结果的分析与讨论。

第 7 章是研究结论与启示。首先，简要概括本书的主要研究结论并展开讨论，指明研究不足后，展望未来可能的研究方向；其次，在研究结论与分析的基础上，提出政策建议与管理建议。

1.4　创新之处

（1）本书通过考察夫妻共同持股的家族所有权配置以及家族在不同层级的超额控制，打破了家族企业同质性假定，有助于从家族治理结构的视角加深对家族企业异质性特征的理解。作为家族企业的利益相关者间关系的核心，夫妻关系对企业行为的影响备受关注（Poza and Messer，2001；Hedberg and Danes，2012；Bird and Zellweger，2018；肖金利等，2018），但鲜见其对代际传承影响的研究，而且已往文献从股东会或董事会层面解析家族控制权及其对企业行为的影响（陈德球等，2013a、2013b、2013c；刘星等，2020、2021），这为家族治理机制研究提供了一定的研究启示。不过，控制权在公司治理上体现为股东会、董事会及管理层三个层级（蒲自立和刘芍佳，2004）。因此，遗漏企业家夫妻关系和管理层的家族权力配置不利于完整把握家族治理结构的特征。本书基于公司治理的角度将家族权力配置推进至夫妻所有权配置以及管理层超额控制，更加完整地解构了家族权力配置，为后续家族控制权理论研究提供一定的研究启示。

（2）本书从公司治理的视角，丰富并拓展家族治理结构对代际传承特定阶段的影响以及家族企业代际传承前置因素的相关研究。已有文献研究并构建了家族企业代际传承的过程模型，希冀破解"传承之谜"（Le Breton-Miller et al.，2004；Bennedsen et al.，2015）。然而，代际传承是一个长期社会化的过程（Longenecker and Schoen，1986），需要长时间的演化过程（Dyer，1986；Ward，1987），尤其是，代际传承早期阶段离代际权力交接的时间跨度长，影响家族价值观或家族准则的塑造及其在未来的传递，其间家族在任者的主要目标是，平衡家族所有者与非家族所有者以及家族大股东与家族小股东之间的利益冲突，使企业和家族提前做好准备，以便顺利实现代际传承（Meier and Schier，2016）。因此，忽视当前中国家族企业面临的制度环境以及"创一代"大多居于主导地位的早期阶段特定情景是不合适的。本书以夫妻共同持股以及家族控制权在股东会、董事会和管理层的超额控制作为切入点，研究家族企业权力配置对代际传承的影响，不仅回应了梅尔和席尔（2016）关于更多地研究代际传承早期阶段行为特征的呼吁，而且结合家族治理和特定制度情景拓展与深化了代际传承早期阶段及其前置因素的相关研究。

（3）本书从新兴市场和制度环境差异的视角，验证了地区正式制度和非正式制度在代际传承过程中所扮演的作用，进一步挖掘了代际传承的正式制度与非正式制度诱因。正式制度和非正式制度对企业行为的影响获得了众多文献支持（夏立军和陈信元，2007；辛清泉和谭伟强，2009；唐跃军等，2014；杨兴全等，2014；Pevzner et al.，2015；王艳和李善民，2017；Li et al.，2019；Qin et al.，2022），本书进一步探究地区市场化水平和地区社会信任水平对家族权力配置与代际传承之间关系的调节效应，有助于理解家族权力配置影响代际传承的理论边界，提供破解家族企业代际传承困境的新的研究视角。

（4）本书融合家族企业代理理论、资源基础理论、社会情感财富理论以及公司治理文献，系统分析了代际传承关于企业价值、研发投入以及债务特征的经济后果，拓展并深化了家族企业为实现代际传承进行家族治理结构安排的经济后果的研究。已有文献研究了代际传承对企业绩效（Bennedsen et al.，2007；Cucculelli and Micucci，2008；Diwisch et al.，2009）、会计特征（Fan et al.，2012）、企业创新（汪祥耀等，2016）、债务结构（Molly et al.，2010；许永斌等，2014）等影响，本书从企业价值、研发投入以及债务特征的视角研究了家族权力配置产生的代际传承的经济后果，增加了家族企业代际传承特定情景下的经济后果研究。

1.5　研究重难点

（1）融合社会情感财富及相关理论构建家族权力配置与代际传承的理论框架。家族企业研究自20世纪80年代才逐渐发展成为一门独立学科，但其本身缺乏独立的理论范式，其理论基础主要来源于经济学、管理学或社会学等学科，具有明显的交叉学科特征。近年来流行的社会情感财富理论便是综合社会、心理与文化领域观点的一种家族企业理论。实际上，家族企业研究往往需要融合不同的管理理论，甚至借鉴不同领域理论的研究范式，因而深度融合各种不同理论以解释家族企业行为是研究的一个难点。此外，因中国独特的文化特征及其"新兴加转轨"的独特制度植入，进一步加深了研究问题的复杂性。因此，如何融合家族企业代理理论、资源基础理论、社会情感财富理论以及公司治理文献来构建家族权力配置对代际传承作用机理的理论框架是本书的重点，也是难点。

（2）海量数据的手工收集。家族企业"创一代"及其后代的所有权、家族董事和家族管理者个人信息及其与创始人亲缘关系的数据更多地依赖于手工整理，需根据公司年报、IPO 招股说明书、搜索引擎等多种途径获取，相互佐证。例如，年度报告中要求强制披露前十大股东间的关系，然而，除 IPO 招股说明书中详细披露股东、董事、管理层三者之间关系外，现有的信息披露制度并未强制要求年度报告中披露自然人股东、董事与管理层三者之间的关系，这给本书数据的进一步处理造成一定的困难。本书通过多途径收集资料，试图解决这一难点。

| 第 2 章 |

文献综述

2.1　家族企业界定的文献综述

什么是家族企业？它与非家族企业有何不同？这是家族企业研究者面临的一个首要命题，也是研究家族企业问题的逻辑起点（Handler，1989；Chrisman et al.，2003）。然而，正如大多数社会科学一样，如何准确定义家族企业是极富挑战的一项工作（Sharma，2004）。对此，大量学者试图整合出一个关于家族企业精确定义的理论框架（Litz，1995；Chua et al.，1999；Sharma，2004），以推动家族企业知识体系的积累。然而，迄今为止，学术界仍然未就家族企业定义取得一致的研究结论（Litz，1995；Littunen and Hyrsky，2000；Astrachan et al.，2002；Zahra and Sharma，2004）。不过，可以确定的是，不管如何界定家族企业，均应识别出家族企业与非家族企业之间的差异性（或者，相信家族企业存在独特性），且能够突出家族企业的独特性（Chua et al.，1999）。

国内外学者对家族企业的定义标准层出不穷、百家争鸣。幸运的是，其中仍有轨迹可寻。总的来说，家族企业的界定大致呈现三条脉络：第一，侧重家族涉入要素（components-of-involvement），通常涉及所有权、控制权以及家族管理涉入等要素；第二，基于家族企业本质的视角（the essence approach)，关注家族对企业战略导向、家族控制意图、企业行为以及企业资源与能力的影响；第三，融合多个不同视角的综合确定。以下分述之。

2.1.1　家族涉入要素的视角

美国史学家钱德勒较早对家族企业给出了权威定义。钱德勒（1987）认为，家族企业，是指家族创业者和最亲密的合伙人（和家族）持有大部分股权，与经理人维持紧密的私人关系，保留主要的高层管理决策权，尤其是财务决策权和高层经理选拔权。可以看出，该定义以家族股权与控制权特征作为界定的标准。这可能是早期的家族企业研究者主要来自企业管理顾问，带有明显的管理实践烙印，显而易见的是，该定义忽略了家族持有股权与控制权状态在企业不同发展阶段的差异性（魏志华，2014）。

早期的家族企业定义一般均未突破所有权、控制权以及家族涉入三个要素制约（孙治本，1995；叶银华，1999；Ang et al.，2000；曹德骏，2002）。例如，查等（Chua et al.，1999）曾收集 250 篇家族企业的文献，对家族企业定义作了归纳与评价，如表 2 - 1 所示。查等（1999）归纳认为，这些家族企业定义的标准极其简单——只要企业由一个核心家族拥有和管理，它便是家族企业，而这并非家族企业独特的本质特征。因此，查等指出，企业目标、发展战略、组织结构以及行为方式可以被清晰地阐述、设计并执行，而所有权结构、治理模式、管理模式以及家族传承又从本质上对这些因素施加影响，而这恰恰是家族企业独特性的体现。为此，基于"包容而非排斥"的目的，查等（1999）提出了"理论化定义"，即所谓"家族企业是一种治理和/或管理的企业组织，目的在于塑造和追求由'战略联盟'（dominant coalition）构建的企业愿景，天然地通过家族代际传承延续企业永续经营，而'战略联盟'是由同一家族或几个家族控制的"。因此，查等（1999）将家族企业的独特性定格于家族权威控制及企业愿景两个关键变量。

表 2 - 1 家族企业定义（节选）

作者	界定标准	定义
Babicky（1987）	所有权、创业者	一人或多人创建的小企业，资本有限，发展过程中创业者一直持有企业大部分股权
Barnes and Hershon（1976）	所有权、控制权	家庭中的一个或多个成员掌握企业控股权
Carsrud（1994）	所有权、控制权	具有亲缘关系的团队成员持有企业所有权，掌握决策制定权
Churchill and Hatten（1997）	代际传承	出现或预期年轻家族成员接替年长成员掌握企业控制权
Davis（1983）	所有权、家族管理	通过持有的所有权，或者，有时通过家族管理涉入得以实现，一个或几个家族单元重大影响企业政策或发展方向
Donckels and Fröhlich（1991）	所有权	家族成员持有不低于60%所有权
Donnelley（1964）	代际传承	至少存在两代家族成员参与企业经营，且代际衔接会影响企业政策、家族利益与目标
Dreux（1990）	家族管理	一个或多个家族控制企业，在一定程度上足以影响公司治理或能促使企业改变行为
Handler（1989）	家族管理、代际传承	家族成员担任管理者或者董事职位，决定主要经营决策和高层经理继任计划
Hollandand Oliver（1992）	所有权、家族管理	一个或多个家庭影响与所有权或管理相关的决策
Lansberg et al.（1988）	所有权、控制权	家族所有权享有法定的控制权
Lyman（1991）	所有权、家族管理	家族成员持有全部的所有权，至少一位股东任职于企业，另一位家族成员股东就职于企业，或者以其他非正式的方式协助企业经营
De Rosenblatt et al.（1985）	所有权、家族管理	单一家族拥有企业绝大多数股权或控制权，至少两个家族成员直接或有时参与企业经营
Welsch（1993）	所有权、家族管理	企业股权集中度高，所有者或者亲缘成员直接参与企业经营过程

资料来源：Chua J. H., Chrisman J. J., Sharma P.. Defining the Family Business by Behavior [J]. Entrepreneurship Theory and Practice, 1999 (23): 19~40.

应该说，基于要素视角界定家族企业具有较强的可操作性，研究中的应用也较为广泛。然而，二分法的定义方式难以反映家族涉入要素的连续性特征，从而受到一些学者的质疑（Astrachan et al.，2002；李新春和任丽霞，2004）。

2.1.2　家族企业本质的视角

批判家族企业要素法的过程中，本质界定法应运而生。一些学者试图从家族企业本质的视角寻求家族企业定义更强的理论支持。他们认为，要素定义法隐含的一个假设前提是家族涉入要素足以区分家族企业与非家族企业。然而，其在本质界定法中仅作为一项必要条件，只有在企业独特行为确实源于家族涉入因素时，该企业才能被界定为家族企业。因此，克里斯曼等（2005b）在查等（1999）的研究基础上，将家族企业定义"从本质上"进一步分类与深化，强调本质上界定家族企业应从四个方面入手。

第一，家族对企业战略导向的影响（Davis and Tagiuri，1989；Handler，1989）。这些学者强调家族对企业政策、发展战略施加的影响，看起来似乎可以从更深层次上把握家族企业独特性。然而，就其本质而言，这些仅仅是对家族涉入要素所作的延伸，并无实质性的理论突破。

第二，家族维系企业控制的意愿（Litz，1995；Chua et al.，1999）。利茨（1995）认为，家族企业的一个突出特征是家族试图维系对企业长久控制的意图，类似地，查等（1999）将维系家族控制及代际传承作为界定家族企业的两个关键变量。总体而言，从家族控制意图的视角定义家族企业边界具有一定的理论意义，但缺乏可操作性。

第三，家族企业行为（Chua et al.，1999）。查等（1999）认为，家族涉入要素仅仅是界定家族企业的必要条件，因此，家族企业的核心在于，由家族愿景导致的企业独特行为恰恰源于所有权结构、治理模式、管理模式以及代际传承等家族涉入要素。应该说，这是迄今为止得到最多认同的一种家族企业定义。然而，与其他本质界定法类似，其更多是基于理论层面做出的界定，实践中可操作性程度并不高。

第四，家族涉入以及家族与企业间的互动为家族企业带来独有而不可分割的特异性资源与能力（Habbershon and Williams，1999；Habbershon et al.，2003；Sirmon and Hitt，2003；Hoffman et al.，2006）。这是从资源优势理论（Barney，1991）的视角所作的家族企业操作化定义。哈伯松和威廉姆斯（Habbershon and Williams，1999）认为，家族涉入以及家族与企业间互动带来的这些特异性资源构成企业的"家族性"资源（familiness），而该资源能够为家族企业带来核心竞争力，这是家族企业区别于非家族企业的核心要素。西蒙和希特（Sirmon and Hitt，2003）进一步识别了家族企业竞争优势的五类来源——人力资本、社会资本、生存能力、耐性（patient）以及治理结构，认为家族企业对这些来源的评估、获取以及各种组合方式构成家族企业的独特性，从而使其区别于非家族企业。霍夫曼等（Hoffman et al.，2006）从信息渠道（information channel）和家族规范（family norm）两个维度框定"家族资本"（family capital），认为家族资本是家族企业特有且无法被非家族企业复制，是构成区别家族企业与非家族企业的本质要素。

总体而言，本质界定法下的家族企业定义，对家族企业理论的精细化演进与发展具有重要的理论贡献（Chrisman et al.，2005b）。不过，需要指出的是，本质界定法涉及的变量往往难以被定量化，因而不太可能在家族企业研究实践中得到广泛推行。

2.1.3 家族企业界定的融合趋势

由前面梳理可知，以家族涉入要素法和本质法这两种方法来界定家族企业，均有不足之处。事实上，这两种家族企业定义标准并没有被研究者广泛接受。然而，家族在设定企业愿景和控制机制以及创造特异性资源与能力的重要性方面，还是获得较为一致的认同（Sharma，2004）。因此，以此作为逻辑起点，尝试"包容而非排斥方式"来界定家族企业不失为一种可行选择。对此，沙玛（2004）指出了家族涉入模式和范围的三个研究方向，即阐述家族企业多层次操作化定义、开发多种不同的家族涉入测量工具以及发展家族企业分类方法。具体说明如下。

2.1.3.1　家族企业多层次操作化定义

尚卡尔和阿斯特拉罕（Shanker and Astrachan，1996）根据家族涉入程度开发了家族企业多层次操作化定义（见表 2 – 2）。随后，阿斯特拉罕和尚卡尔（Astrachan and Shanker，2003）又发展出依赖家族涉入程度包容性水平的"牛眼模型"（bull's eye model），如图 2 – 1 所示。

表 2 – 2　　　　　按家族涉入程度划分的家族企业多层次操作性定义

广义定义	中间定义	狭义定义
• 有效控制战略方向 • 家族试图维持在企业内部	• 创始人及其后代经营企业 • 控制表决权	• 跨代参与企业经营 • 家族直接参与管理 • 至少一位家族成员担任高管职位
⬇	⬇	⬇
家族低度涉入	家族适度涉入	家族高度涉入

资料来源：Shanker, M. C. and J. H.. Astrachan, Myths and Realities：Family Businesses' Contribution to the Us Economy—a Framework for Assessing Family Business Statistics［J］. Family business review, 1996, 9（2）：107 – 123.

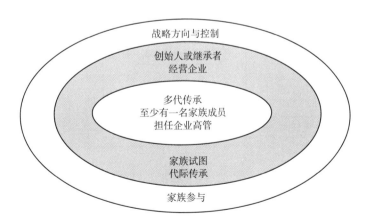

图 2 – 1　家族企业牛眼模型

资料来源：Astrachan, Joseph H., Shanker Melissa Carey. Family Businesses' Contribution to the Us Economy：A Closer Look［J］. Family Business Review, 2003, 16（3）：211 – 219.

根据牛眼模型，最外围的广义定义中，家族企业仅要求由部分家族参与以及家族控制企业战略方向；中间层定义中，家族企业是指所有者试图将企业传承于其他家族成员，而且创始人或继承者直接管理企业；家族企业的狭义定义是指，多代家族成员共同参与企业管理，创始人或上代家族成员担任董事长，且至少有一名家族成员担任高层管理职位。

2.1.3.2 家族涉入测量工具：F-PEC 模型

家族企业二分法的定义方式受到一些学者批评，他们认为，家族企业与非家族企业间可能并不存在泾渭分明的区分，因此，以家族涉入的连续变量来定义家族企业似乎是一条可行之路（李新春和任丽霞，2004）。阿斯特拉罕等（2002）也认为，区分家族企业与非家族企业并不是界定家族企业的目标，关键在于家族涉入的程度与方式及其对企业影响的程度。因此，采用连续变量区分家族企业与非家族企业可能更为合适。对此，阿斯特拉罕等构建了 F-PEC 模型（见图 2－2）。

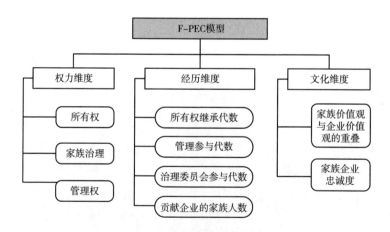

图 2－2　家族影响程度 F-PEC 模型

资料来源：Astrachan, Joseph H., Klein Sabine B., Smyrnios Kosmas X.. The F-PEC Scale of Family Influence：A Proposal for Solving the Family Business Definition Problem [J]. Family Business Review, 2002, 15 (1)：45－58.

具体来说，F-PEC 模型包含家族影响的三个重要维度——权力（power）、经历（experience）以及文化（culture），由这三个维度构成家族影响的综合指数。其中，权力维度由家族所有权、家族治理以及管理权组成，旨在评估家族影响与权力的大小程度；经历维度衡量了家族从所有权、经营管理以及治理结构的参与程度，反映了家族传承和家族成员对企业行为的影响；文化维度由家族价值观与企业价值观的契合度、家族企业的忠诚度构成，以测度家族文化对企业的影响程度。

此后，有些学者对 F-PEC 模型进行了实证检验。例如，克莱因等（Klein et al.，2005）以随机选择的 10 000 个企业样本，采用因子分析方法，对 F-PEC 模型进行实证检验，研究发现 F-PEC 模型具有高度的可靠性。随后，霍尔特等（Holt et al.，2010）以 832 个家族企业为研究样本，实证分析表明 F-PEC 模型变量的聚敛效度与克莱因等（2005）的研究相一致。由于 F-PEC 模型包含了理论构建与实证检验，因而这是迄今为止获得最大程度认可的一种家族企业界定方法。

2.1.3.3　家族企业分类方法

兰斯贝格等（Lansberg et al.，1988）的"三环"交叠模型清晰地描述了家族、所有者以及雇员之间复杂的关系。在此基础上，沙玛（2003a）采用利益相关者的识别编码技术（A stakeholder map identification code SMIC）进一步完善并构建了家族企业分类体系（见图 2 – 3）。沙玛（2003a）认为，三环交叠模型可以区分出 7 类家族企业内部利益相关者，这些利益相关者同时扮演一种、二种或者三种角色，而且每个内部利益相关者均可以被放置于模型 7 个区域之中的某个区域。就家族企业而言，有些家族成员总会占据其中的重合区域（即图 2 – 3 中 4、5、6、7 四个区域），且该区域中的每个区域都可能被 0、1 或多个（M）家族成员占据，即 $4_{[0,1,M]}$、$5_{[0,1,M]}$、$6_{[0,1,M]}$、$7_{[0,1,M]}$。理论上，该区域共有 81 种排列方法（$3 \times 3 \times 3 \times 3 = 81$），然而，考虑到区域 4 及区域 5 不存在家族所有者或家族成员而成为家族企业的可能性，因此，排除 9 种（$3 \times 3 = 9$），从而 SMIC 方法合计可以界定 72 种不同类型的家族企业。

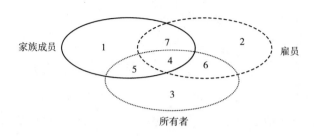

图 2 - 3 家族企业内部利益相关者可能的 7 种角色

注：①家族成员（不参与企业经营）；②非家族雇员；③非家族所有者（不参与企业经营）；④家族所有者兼任雇员；⑤家族成员（不参与企业经营）；⑥非家族雇员；⑦非家族所有者（不参与企业经营）。

资料来源：Sharma, Pramodita. Stakeholder Mapping Technique：Toward the Development of a Family Firm Typology ［Z］. Working Paper, Wilfrid Laurier University, 2003.

综上所述，目前理论界对家族企业的定义仍处于百家争鸣、百花齐放的争议阶段。然而，融合家族涉入要素法和家族企业本质法界定家族企业似乎成为一种趋势（Sharma，2004）。随着家族企业研究的不断深化，势必会进一步推动家族企业定义的理论研究。毋庸置疑，更为科学合理精确的家族企业定义还需要时间的磨砺，需要更多学者的艰辛努力。

2.1.3.4 本书对中国家族企业定义的界定

诚如沙玛（2004）所指出，准确而清晰界定家族企业是该学科知识体系积累的一个重要前提。令人遗憾的是，迄今为止，学者们对家族企业定义仍是众说纷纭，难以统一认识。本书认为，既可抓住家族企业的本质特征，又具有研究实践的可操作性，应当是家族企业定义的精髓所在。

本书认为，综合考虑家族所有权与控制权两个因素界定家族企业应当是切实可行之法——家族控制权界定可能控制企业的对象，而家族所有权识别控股大股东的身份。事实上，这种界定方法在家族企业公司治理文献中颇为常用（邓建平和曾勇，2005；贺小刚等，2010；连燕玲等，2011；陈德球等，2013c；邵帅和吕长江，2015；李新春等，2020；祝振铎等，2021）。从更精确的意义上讲，中国家族企业需要同时满足以下三个条件：（1）终极控制权可以追溯至家族或自然人；（2）最终控制人直接或间接持有上市公司股权，且为上市公司第一大控股股东；（3）至少一名家族成员担任公司董事、监事或公司高管。理由如下。

首先，本定义抓住了家族企业的本质特征。家族所有权及其衍生的控制权是家族企业的内核。陈凌等（2009）认为，创业家族对所有权和企业经营权的控制是家族企业最重要的特征，家族企业治理的核心问题是所有权和控制权结构。因此，对于家族企业的界定不仅应视家族是否持有所有权，还需要考察其是否真正地控制企业。特定的民营化改制和自主创业是形成中国家族企业的两大主要来源。在中国上市公司中，家族终极控制人普遍存在，而家族又往往利用家族权威控制这些企业，对企业战略、治理结构以及日常运营施加重大影响。就此而言，从家族所有权和家族控制权的涉入程度来界定家族企业可以更为真实地反映家族对企业的最终影响程度。

其次，变量设计应当体现更强的现实意义和研究过程中的可操作性。理论研究最终需要落脚于研究对象，因此，实践可操作性同等重要，否则只是"空中楼阁"，让研究无所适从。就研究实践而言，家族所有权与家族控制权容易被定量化，而且在公司治理文献中获得了较为广泛的应用（Claessens et al.，2000；Faccio and Lang，2002；Daspit et al.，2018；肖金利等，2018；胡旭阳，2019）。同时，在资本市场改革的不断深化下，中国上市公司的信息披露逐渐规范，终极控制人信息已然获得了完整披露，这为相关数据的收集提供了很好的便利条件。需要指出的是，代际传承也是家族企业的本质要素（Sharma et al.，1996），常常也是保持家族控制的重中之重（Astrachan et al.，2002）。然而，缘于当前中国家族企业绝大多数仍由"创一代"掌控的现实状况，从广泛意义上，现阶段的传承意图并不存在普遍特征，倘若将其纳入考量标准，家族企业界定将变得异常困难且不具备可操作性。

综上所述，本书认为，综合考虑家族所有权与家族控制权这两种标准来界定中国家族企业，不失为既体现家族企业本质内涵又契合中国制度情景，且符合研究可操作性要求的合理抉择。

2.2　家族权力配置的文献综述

2.2.1　家族权力配置的内涵

2.2.1.1　企业控制权含义

企业控制权内涵随组织形式、企业理论的发展而不断演进，在所有权与经营权高度重合时，并没有必要区分企业所有权与控制权之间的差别，或者可以认为所有权涵盖控制权的所有内涵。

伴随现代股份制组织结构形式的出现，正如伯勒和米恩斯（Berle and Means，1932）所描述的，股权分散、企业所有权与控制权相分离，企业经营者获得了实际控制权，即所谓的"经理革命"，由此理论界开始重视企业控制权问题。伯勒和米恩斯认为，控制权是通过行使法定权力或施加影响的方式，对大多数董事具有实际选择权。法玛和詹斯（Fama and Jensen，1983）将"剩余"的概念引入控制权的范畴，但将所有权等同于剩余索取权，没有包括控制权。

从产权理论（Grossman and Hart，1986；Hart and Moore，1990）提出控制权理论之后，理论界将控制权问题聚焦于剩余控制权。格罗斯曼、哈特和摩尔（Grossman，Hart，Moore）等构建的 GHM 理论或 GHM 模型关注契约不完全性对交易行为的影响；契约中可以明确规定的权力、责任部分称为"特定控制权"，同时将"剩余控制权"（residual right of control）作为明晰控制权的补充部分，界定为契约无法明确规定的未来或然事件以及相关责任、权力的这一部分状态。之后，阿吉翁和提罗（Aghion and Tirole，1997）、提罗（2001）提出，企业控制权包括法定控制权和事实控制权两种形式，企业合约和社会契约是法定控制权的来源，属于物质资本所有权，系契约中明确规定的内容；事实控制权因无法通过契约进行确认，其能否有效实施取决于法定控制权主体掌握信息的程度及信息成本大小，而信息与信息成本通常由运行企业的经理人员实际掌握。

自 20 世纪 80 年代以来，国内学者逐渐开始关注企业控制权问题，代表性学者包括钱颖一、张维迎、周其仁、杨瑞龙、杨其静等。其中，钱颖一最早将企业所有权与控制权的分离问题引入中国，认为企业控制权的所有者能够对企业的行为施加意志并获取利益。张维迎（1995）将控制权视作决定选择什么行动的权威的一个显示信号，张维迎（1996）进一步指出，所有权即指剩余索取权和剩余控制权，控制权是"可以按任何不与先前的契约、惯例或法律相同的方式决定资产所有用法的权力"；周其仁（1996）认为，企业资产可以被排他性地使用即为企业控制权；杨瑞龙和周业安（1997）认为，控制权是与企业经营决策相关的投票权、监督权等权益，这些权益包括显性的或者隐性的，但其存在意味着某一方的行为致使另一方的权益损益；蒲自立和刘芍佳（2004）对控制权从公司治理角度做了更为具体的描述，认为企业的控制权属于企业股东和代理人，其实现依赖于其对股东会、董事会和经营层三个层面的控制。

由于控制权内涵的包容性和复杂性，现有文献对控制权界定中涉及企业的多个主体和侧面（覃家琦等，2021）。尽管已有研究对企业控制权内涵存在不同的界定，但是控制权的基本内涵均包含"剩余"之意，也均体现对企业的终极控制能力。就此而言，结合当代中国企业实际状况，从公司治理的角度来看，以蒲自立和刘芍佳（2004）描述的从股东会、董事会以及经理层三个层面来框定控制权应该切之可行，也更全面。

2.2.1.2　家族权力配置要素

家族天生偏好控制权，由此获取企业成长所带来的声誉和成就感。事实上，许多家族企业产品、商号以及标志性建筑等均冠以创始人明示或隐喻的标签[①]。家族通过对企业的权力配置还可以帮助其建立人脉资源，这有利于

---

① 例如，中国家族上市公司"以岭药业"（002603）创始人为吴以岭。

企业发展，因此，家族会权衡企业成长与保留控制权之间的关系。然而，现实是大多数企业通常为保持家族控制而宁愿牺牲一些以控制权稀释为代价的高成长机会。

就家族权力配置而言，主要涉及所有权、控制权以及管理权三方面内容。家族对企业的控制本质上体现于控股家族在股东会、董事会以及经理层三个不同层级的权力配置。本书认为，可以从家族所有权配置和家族控制权结构两个维度解析家族权力配置。家族企业受家族控制，公司决策很有可能会与家族决策重叠（Van Auken and Werbel，2006），其中企业家夫妻关系居于十分重要的地位（Poza and Messer，2001），夫妻共治的所有权配置存在以婚姻关系为基础的契约功能，更容易形成夫妻双方的信任与合作（许宇鹏，2020）。从家族所有权配置的角度来看，家族权力配置特指夫妻共同持股，体现家族对企业的直接控制。由于夫妻共同持股往往伴随夫妻共同治理企业，已有文献研究了夫妻共同持股或夫妻共同治理对家族企业的风险承担水平（肖金利等，2018）、成本黏性（许宇鹏，2020）、企业价值（王建峰和赵蔚家，2021）以及掏空行为（许宇鹏等，2021）等影响，夫妻共同持股成为家族权力配置的一项重要内容。

从家族控制权结构的视角来看，家族权力配置需要股东会层次的剩余控制权，也需要董事会层次的决策权，还需要经理层层次的经营权，从而在不同层次实现控股家族对企业决策权的掌控，最终形成股东会、董事会以及经理层家族超额控制，体现家族对企业表决权的超额控制。目前理论界大多集中于控股家族通过金字塔结构的形式实现对企业的控制和经济后果研究（López De Silanes et al.，1999）。实际上，控股家族还可以通过其他途径实现经营决策权的掌控（Hart and Moore，1990），例如，发行双级股票，委派家族成员担任董事或经理人员。就股东会层级的家族控制权而言，控股家族通过终极控制权与现金流量权之两权分离度实现家族超额控制。就董事会层级的家族控制权而言，控股家族通过对董事席位的家族超额配置得以实现。就经理层层级的家族控制权而言，控股家族通过对经理层家族人员的超额配置得以实现。需要说明的是，目前国内学者陈德球等扩展了家族控制权结构层次，"将控制权结构研究由股东大会层面推进至董事会层面"（陈德球等，2012、2013b、2013c；刘星等，2020、2021）。这加深了我们对家族控制权理论的理解，也为进一步从更广泛层次研究家族控制权结构提供了重要的研究启示。

综上所述，家族权力配置要素包括两个方面：一是家族通过夫妻共同持股的方式，形成家族对企业的直接控制；二是体现于股东大会层次的控制权（终极控制权与现金流量权之两权分离度），董事会层次的决策权以及经理层层次的经营权（董事席位及经理层的家族超额配置），从而在不同层级上实现控股家族对企业经营决策权的掌控，最终在不同层次上实现家族对企业的权力配置，即家族超额控制。

2.2.2　家族权力配置的内生机制

已有文献对控制权内生机制的研究主要基于制度环境视角展开，认为弱保护法律制度导致控制权集中的公司治理模式（López De Silanes et al.，1999；Bennedsen and Wolfenzon，2000；Gomes and Novaes，2005；Almeida and Wolfenzon，2006）。考虑到政治关联对获取政府补贴、提供融资机会、请求税收减免之作用（Vishny and Shleifer，1993；Shleifer and Vishny，1994），因此，产权保护地区性差异和地方政府对非国有企业的影响会促使民营企业具有建立政治关联的动机，而控股股东通过政治关联进行寻租也需要企业采取集中的控制权结构，以确保其对企业拥有绝对的决策权（Chen et al.，2011）。

何轩和李新春（2014）基于中国独特文化视角研究认为，家族意图是家族股权配置的一个关键要素；王春艳等（2016）通过多案例研究认为，以创始人拥有或使用的资源为基础，通过制度化的结构安排获取其对企业的控制权，并配置相应的股权和权力分享机制；许金花等（2019）探索性的案例研究表明，股东资源决定控制权的归属，并进一步阐明了履行社会责任有助于创始人获取控制权；陈德球等（2013c）实证研究发现，家族控制权偏好由地区法律制度效率和金融深化程度内生决定，即，地区法律效力或金融深化程度越高，终极控制权与现金流量权之两权分离度及家族超额董事席位越低，而缓解融资约束及获取控制权私人收益是家族控制权偏好背后蕴涵的策略动机和机会主义行为。

需要指出的是，陈德球等（2013c）从股东会剩余控制权及董事会决策控制权两个层次分解家族控制权结构，即金字塔结构及家族超额董事席位，扩展了家族控制权结构的层次，"将控制权结构研究由股东大会层面推进至董事会层面"，深化了家族控制权理论，也为进一步从更深层次研究家族控制权结构奠定重要的理论基础。然而，就公司治理而言，其没有涵盖对经理层家族超额控制之情形，家族控制权结构的解析还需进一步完善。

2.2.3 家族权力配置与企业绩效

沿着家族企业区别于非家族企业的逻辑主线，以家族企业与非家族企业的绩效表现孰优孰劣为中心，众多文献探讨了家族权力配置与企业绩效之间的关系，但由于家族企业绩效的复杂性，很可能没有纳入必要的中介或调节变量（Mazzi，2011），导致研究结论众说纷纭、莫衷一是。

众多研究认为，家族上市公司较非家族上市公司具有更低的代理成本，其绩效表现更好。研究对象不仅包括欧美等发达资本主义市场（Anderson and Reeb，2003；Barontini and Caprio，2006；Lee，2006；Maury，2006；Villalonga and Amit，2006；Bloom and Reenen，2007；Sraer and Thesmar，2007；Fahlenbrach，2009；Pukthuanthong et al.，2013；Gallucci et al.，2015；Van Essen et al.，2015），还涵盖中国、印度等发展中国家（许永斌和郑金芳，2007；Chu，2011；Swamy，2012；Martin et al.，2014a；邵帅和吕长江，2015），既有针对大型企业或上市公司的研究（Anderson and Reeb，2003；Villalonga and Amit，2006；Jin and Park，2015），也有针对中小型企业或非上市公司的研究（Bloom and Reenen，2007；Swamy，2012），数据不仅源于二手数据库（Chu，2011；Pukthuanthong et al.，2013），也来自一手

调查（Swamy，2012），而且，这些广泛的证据均表明家族企业绩效优于非家族企业。

然而，有些文献的研究结论截然相反。家族控制因存在严重的代理问题而导致家族企业绩效劣于非家族企业。一些学者利用不同绩效代理变量对加拿大、瑞典、挪威、美国、英国、丹麦、意大利以及西班牙的企业样本进行实证研究均发现，家族企业绩效显著低于非家族企业（Morck et al.，2000；Cronqvist and Nilsson，2003；Pérez-González，2006；Cucculelli and Micucci，2008；Sacristán-Navarro et al.，2011；Gallucci et al.，2015）。

针对家族企业绩效孰优孰劣的争议，一些学者试图综合这些研究结论，认为家族企业绩效的优劣表现可能是并存的，试图寻找其背后的原因。这些研究大致沿三条路径展开：一是基于家族企业界定标准的敏感性路径（Villalonga and Amit，2006；Miller et al.，2007；Block et al.，2011；吴超鹏等，2019），认为不同的家族企业定义标准会使其绩效差异产生变化。例如，米勒等（Miller et al.，2007）对财富 1 000 强（选取了 896 家）和随机抽样的 100 家相对小型的美国上市公司研究发现，家族企业绩效是否优于非家族企业取决于家族企业的定义、样本特性；吴超鹏等（2019）研究发现，上市前"去家族化"治理改革实施越不彻底，上市后公司绩效和收入增长率越差，意味着家族上市公司的绩效表现依赖于家族管理参与程度。二是从家族企业异质性出发，引入家族治理结构等中介变量（Andres，2008；Hamadi，2010），例如，安德烈斯（Andres，2008）对 1998~2004 年 275 家德国上市公司的研究发现，仅当创业家族积极参与经营或担任执行董事时，家族上市公司绩效会显著高于其他股权分散的上市公司，若家族为大股东而不担任执行董事时，两者间绩效并没有显著性差异。三是家族企业绩效"好坏"没有差异性（Jiang and Peng，2011；陈志斌等，2017）。例如，江和彭（Jiang and Peng，2011）研究了东亚 8 国上市公司后指出，并没有确切的证据能够证明家族企业通常就是"好的""坏的"或是"无关的"；陈志斌等（2017）研究认为，对中小家族企业来说，家族管理可以降低代理成本和提高执行效率而可能促进企业价值，但也会因降低决策效率而损害企业价值。

至今对家族企业绩效表现优劣的研究仍未取得一致的研究结论，无论是同一国家的家族企业，或是不同国家之间的家族企业，均存在不同的研究结论。究其原因，魏志华（2014）认为有两个：一是从理论上仍然无法明确界定家族控制对企业绩效的影响，所有研究结论仅仅是对各国家族企业的实证研究，在特定的制度、文化背景下，其绩效本身就具有多样性。因此，牵强附会地认定单一结论并不可取。二是学者们界定家族企业各自为政，缺乏统一标准。因此，其研究对象并非同一主体。除上述两个原因之外，本书进一步认为，研究样本数据的来源也是一个重要因素。所有的实证研究均依赖于家族企业"愿意"披露的信息，不同"意愿"程度下披露的信息本身就可能导致样本数据较大的差异性，从而显著影响实证结果。例如，新近研究表明，基于不同的家族企业数据库（调查数据库、财务数据库），关于家族企业绩效的研究结论截然相反（Schmid et al.，2014）。

2.2.4　家族权力配置与家族企业投资行为

除企业绩效外，众多文献研究了家族权力配置对企业行为的影响机制，例如，融资决策（Ampenberger et al.，2013；陈德球等，2013b）、股利分配（De Cesari，2012；魏志华等，2012）、信息披露（Hutton，2007；Anderson et al.，2009）、盈余管理（Ding et al.，2011；Martin et al.，2014b）、风险承担（辛金国等，2017；肖金利等，2018）、成本黏性（许宇鹏等，2021）、战略决策（陈志军和闵亦杰，2015；巩键等，2016；王博霖等，2021；祝振铎等，2021）等，不一而足[①]。

就创新行为而言，一方面，家族企业独特性的资源性优势、长期目标视野等因素激励企业创新（陈爽英等，2010；Ashwin et al.，2015）；另一方面，由于家族风险回避倾向或避免社会情感财富损失等原因而抑制企业创新（Munari et al.，2010；Croci et al.，2011；Anderson et al.，2012；吴炳德和

---

① 更为详细信息可参阅附表，下同。

陈凌，2014）。为此，家族企业研究者们试图融合其结论，主要展开三个方面研究：第一，公司治理机制的家族化配置。例如，陈和许（Chen and Hsu，2009）认为，家族所有权抑制创新投入，降低企业创新，而董事长和首席执行官（CEO）领导权结构分离或拥有更多外部董事席位时，高比例家族所有权则增强创新投入；布洛克（Block，2012）的研究也发现，家族所有权抑制创新投入，而创始者股权与创新投入强度和使用效率显著正相关；梁等（Liang et al.，2013）研究发现，家族董事参与会提升企业 R&D 投入和创新绩效，而家族管理涉入则表现为抑制效应；严若森和叶云龙（2014）的实证研究表明，不同维度的家族涉入本身就对 R&D 投入具有异质化作用，家族所有权抑制企业创新投入，而家族管理涉入则激励企业创新投入；许宇鹏等（2021）研究认为，相对于非夫妻共同控制人家族企业，夫妻共同控制人企业创新水平更高。第二，融合不同理论或应用跨学科理论。例如，克里斯曼和帕特尔（Chrisman and Patel，2012）融合行为代理模型（behavioral agency model，BAM）与短视风险回避框架（myopic loss aversion），研究家族企业 R&D 投入的波动性问题。他们认为，期望绩效高于实际绩效时，家族目标与企业经济目标的融合使家族企业 R&D 投入水平较非家族企业更高，且 R&D 投入的波动性更小。帕特尔和克里斯曼（2014）引入农业经济学的风险治理模型（risk abatement model），研究家族企业通过改变 R&D 投入类型而影响收入的波动性，以解释 R&D 投入相对较少而能保持竞争优势的缘由。戈麦斯·梅加等（Gomez-Mejia et al.，2014）引入行为代理模型（BAM）与混合博弈（mixed gambles），研究发现，家族企业创新投入水平低于非家族企业，机构投资者股权、相关多元化以及绩效风险激励其创新投入。赵宜一和吕长江（2017）研究认为，家族非执行董事能够监督高管，从而提高投资效率和会计业绩，而家族执行董事则不具备上述治理效应。第三，数据来源的不同类型。例如，施密德等（Schmid et al.，2014）研究发现，基于不同类型的数据，家族管理涉入与 R&D 投入之间存在互相矛盾的关系，即，基于调查数据库，两者之间显著正相关，而基于财务数据库，则显著负相关；施密德等推测其原因可能在于家族管理企业透明度通常较低且存在保守的 R&D 信息披露动机，尤其是，该动机在企业受融资约束时，表现会更为明显。

就并购行为而言，已有文献尚存不同的研究结论。例如，法伦布拉克（Fahlenbrach，2009）实证研究表明，在美国，创始人担任 CEO 的公司具有显著更高的研发投入和资本支出，更多地进行兼并、收购活动；安德烈斯（2011）对法国上市公司研究认为，创始人担任 CEO 的公司具有显著更低的外部融资约束，其投资行为更多地依赖于投资机会而更少地考虑现金流量。然而，希米和岗村（Shim and Okamuro，2011）对日本以及卡普里奥等（Caprio et al.，2011）对欧洲 15 国的实证研究则表明，家族企业的并购活动少于非家族企业。至于并购的经济后果，巴苏等（Basu et al.，2009）研究发现，具有较高家族所有权的企业并购收益较高，被兼并方的家族所有权越低，并购价值越高；希米和岗村（2011）认为，家族企业兼并收益较非家族企业要低；陈德球等（2012）也认为，家族超额控制程度越高，企业投资决策越偏离最优投资决策；而费托·鲁伊斯和梅内德斯·雷奎杰（Feito－Ruiz and Menéndez Requejo，2010）对欧洲 15 国及世界 25 国的实证研究表明，家族所有权显著提升股东并购价值，控股所有权达到 32% 时，则抑制其并购价值。

此外，一些文献对投资效率、社会责任投资进行了研究。例如，刘星等（2020）以中国上市家族公司为研究对象，发现家族董事席位配置偏好可以抑制过度投资，而无法缓解投资不足；陈志军和闵亦杰（2015）以中国上市家族公司为研究对象，研究发现，家族控制程度越高，企业越倾向于承担社会责任。

2.3　代际传承的文献综述

作为一个经典的财务问题，家族企业代际传承的相关研究十分丰富。家族企业代际传承可以分为所有权转移、领导权转移以及家族影响（如通过家族董事）三个主要角度（Bjuggren and Sund，2002）。从梳理的研究脉络来看，已有文献主要涵盖代际传承的主体、传承要素、传承过程以及传承后果四方面内容，其研究内容不断演进与深化，梳理的研究主线如图 2 - 4 所示。

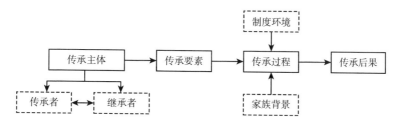

图 2 - 4　代际传承的研究主线

2.3.1　家族企业代际传承的主体

传承主体研究以在任者和继任者及其交互关系为主线，研究内容广泛并逐步深化与综合。传承者和继承者的个体特征或心理状态影响家族传承的有效性（Sharma et al.，2003b；Marshall et al.，2006；Koffi et al.，2014；Schlepphorst and Moog，2014；李新春等，2015；赵晶等，2015；Massis et al.，2016；Parker，2016；胡旭阳和吴一平，2017；奚菁等，2017；Gagné et al.，2019），例如，传承者的动机、传承意愿、政治身份以及个体特征或需求，继承者的动机、意愿或承诺、性别特征、管理技能或管理能力、工作或教育经历、合法性地位以及继任者胜任能力的综合模型。

与此同时，有些研究认为，传承的有效性还受到在任者和继任者的双向信任与反馈系统的交互关系影响（Joshua et al.，2016；Leiß and Zehrer，2018；Huang et al.，2019）。例如，约书亚等（Joshua et al.，2016）从社会交换理论的视角，综述了传承者与继承者之间的交互关系对代际传承的影响；雷贝和泽尔（Leiß and Zehrer，2018）强调传承者与继承者之间的代际沟通是家族企业能否成功传承的关键；黄等（Huang et al.，2019）利用传承过程的"赋权与支配"悖论（paradox of both empowering and dominating）来解释，当子女继承人被视为非常不愿意和低能力（或非常愿意和高能力）接管父权制家族组织时，现任父母往往会加强对下一代的强制控制。

此外，包括家族成员在内的其他利益相关者也是传承的重要参与者（Joshua et al.，2016；Meier and Schier，2016；Bertschi-Michel et al.，2019）。例如，梅尔和席尔（2016）研究认为，协调家族与非家族股东以及家族中小股东之间相互依存的利益冲突是传承者的一个首要目标，旨在使企业和家族均做好促进代际传承的准备；贝尔斯基·米歇尔等（Bertschi-Michel et al.，2019）研究揭示了家族企业代际传承是一个迭代过程，即顾问在减轻之前先挖掘传承者和继承者的情绪，以平缓其情绪紧张的状况。

2.3.2　家族企业代际传承的要素

代际传承本质上是所有权、管理权或控制权的跨代转移（Brun De Pontet et al.，2007；Bennedsen et al.，2015），其中，领导权的传递处于十分重要的地位（Cabrera-Suárez，2005；Cater and Justis，2009；Massis et al.，2016）。传承要素通常指基于家族声誉、社会网络或政治网络的"家族性"专用性资产（Fan et al.，2012）。

还有文献结合家族企业行为研究对传承要素内涵进行了更为细致的刻画，研究认为，传承要素包括信任、宗教和个人价值观、政治关联、声誉等构成家族性专有资产（Bennedsen et al.，2015）、企业家默会知识或隐性知识（Cabrera-Suárez et al.，2001；窦军生和贾生华，2008）、家族权威（杨学儒等，2009）、创业精神（Jaskiewicz et al.，2016）、社会资本（胡旭阳和吴一平，2017）、家族愿景（Barnett et al.，2012）等。

2.3.3　家族企业代际传承的过程

传承过程方面，早期研究将传承简单地视作"独立事件"，侧重具体事实的描述和具体问题的解决（Mcgivern，1978），具有明显的实务导向。但自朗格内克和肖恩（Longenecker and Schoen，1986）率先提出"代际传承是一个长期社会化过程"的观点以来，传承的"过程观"取得一致认同，由此越来越多的研究从不同角度构建或检验传承过程模型。具有代表性的理论模型大致可以归为三类。

（1）基于企业和所有者生命周期理论的"生命周期模型"（Neubauer，2003）。纽鲍尔（2003）将家族企业所有者和企业生命周期整合成一个代际传承的动态模型，认为家族企业及其所有者会经历初创期、成长期、成熟期和衰退期四个阶段；在企业成长期，家族创业者因心理或精力的原因而使企业发展趋于下行，但这不会威胁成熟期企业的成长；此时若进行了代际传承，会引发家族企业下一轮的发展上行，但若此时未实施代际传承或者传承计划被延迟较长时间，则可能导致企业衰退，甚至消失。

（2）基于企业、家族或所有权系统理论的"系统模型"（Gersick et al.，1999；陈凌和应丽芬，2003）。例如，盖尔西克等（1999）提出了家族三极发展模型，将家族企业所有权的传承过程分为六个阶段：发展压力的积累—触发—脱离—探索选择方案—选择—实施新结构；陈凌和应丽芬（2003）运用家族企业"所有权—家庭—企业"三极模型理论分析了"子承父业"的传承模型，认为"子承父业"的传承模型适应中国家族企业的现状，但需要重视权威转换、企业文化重塑以及企业"分家"等问题。

（3）传承过程存在特定阶段且具有各自特征的"阶段模型"，其研究视角更趋宏观和综合（Le Breton-Miller et al.，2004；Joshua et al.，2016）。例如，布雷顿·米勒等（Le Breton-Miller et al.，2004）推导出一个更为广泛的综合模型以说明如何成功实现代际传承，布雷顿·米勒等认为，家族企业传承过程受企业情景和家族情景的影响，而且行业环境又制约企业情景；传承过程有四个步骤：继承者的培养/发展—选择—移交/过渡的过程—资本转移。传承过程的各个步骤均会与绩效评估进行互为反馈。约书亚等（2016）从社会交换视角归纳传承模型，即，管理权传承过程的主要阶段分为基本规则、继承者发展以及交接三个阶段，传承者与继承者之间，家族边界内及其边界之间，利益相关者在各个阶段均会产生社会交换。

此外，传承过程中，传承计划的重要性受到众多文献的关注（Sharma et al.，2003b；Sharma et al.，2003c；White et al.，2004；Venter et al.，2005；

Tatoglu et al., 2008；Gilding et al., 2015），而且传承的不同阶段家族企业表现为不同的战略变革水平，即，二代准备接班阶段会发生显著的战略变革，二代接班后，战略变革则显著变缓（祝振铎等，2018）。

2.3.4 家族企业代际传承的经济后果

"经济后果（economic consequences）"属于会计学领域的一个概念，是20世纪40年代国际会计界的热点概念之一。20世纪70年代，美国学者泽夫（Zeff，1978）最早较为全面地阐述了"经济后果学说"。泽夫认为，经济后果是指"会计报告对公司管理层、政府机构、工会组织、投资者以及债权人的决策行为产生的影响"。美国另一权威学者斯科特·威兰（Scott Willam R.，2000）在《财务会计理论》一书中将其定义为："不管如何定义有效资本市场理论，会计政策的选择及其变更（不论能否对现金流量产生变化），均不可避免地影响企业价值。"与泽夫强调会计报告影响利益相关者的决策行为不同，该定义指出了会计信息不仅可以反映企业现行的存量信息，而且还会影响其经济运行。

代际传承的经济后果文献并不丰富，其中有些研究认为，代际传承具有积极意义（Fan et al., 2012；黄海杰等，2018）。例如，范等（Fan et al., 2012）研究发现，相对于代际传承5年前，发生代际传承的家族企业在当年和5年后报告了更低的应计盈余管理，而且更为及时地确认了损失；黄海杰等（2018）研究发现，二代介入有助于提高家族企业研发投入，而且这种促进效应在二代为"海归"背景、外部监督较差的家族企业表现更加显著。

然而，有些文献研究认为，代际传承对家族企业绩效、市场表现、创新活动等产生负面效应（Bennedsen et al., 2007；Cucculelli and Micucci, 2008；Fan et al., 2008；许永斌等，2014；汪祥耀等，2016；朱晓文和吕长江，2019；Li et al., 2021；曾颖娴等，2021；罗进辉等，2021）。例如，库库莱利和米库奇（Cucculelli and Micucci, 2008）研究认为，家族企业代际传承会对企业业绩产生负面冲击，而且这种冲击很大程度上由优秀员工承担，尤其是在竞争激励的行业；许永斌等（2014）研究认为，家族企业进入代际传承实施期后，倾向于实施风险更低的债务政策；汪祥耀等（2016）研究发现，家族企业代际传承导致企业创新活动减少；朱晓文和吕长江（2019）研究发现，发生代际传承的家族企业的会计业绩和市场业绩更差，而且海外培养的二代接班较国内培养的企业业绩更差；李等（Li et al.，2021）研究发现，代际传承后，退出的传承领导者和其他公司利益相关者会密切关注继承者，导致继承者的短视行为而降低研发投入强度，当继承者短视风险回避程度更高时，这种负面效应更为显著；曾颖娴等（2021）研究发现二代顺利接班导致非能力晋升机制的消极效应，使得更多的职业经理人高管辞职。

还有些研究表明，代际传承后果存在不确定性，其后果依赖特定情景（Molly et al.，2010；Wennberg et al.，2011；赵勇和李新春，2018）。例如，温伯格等（Wennberg et al.，2011）研究认为，家族企业需要传承给下一代而具有长期目标导向，因此，所有权向外部投资者转让的家族企业绩效较所有权在家族内部转让更好，但是其存活率更低；赵勇和李新春（2018）研究认为，二代自治阶段的研发投入水平较父子共治阶段更高，并且这种差异受到控制目标和经济目标的调节。

2.3.5　家族企业代际传承的环境

传承过程会受到制度环境和家族背景的制约（Bjuggren and Sund，2002；Brenes et al.，2006；郭萍，2014；Cao et al.，2015；奚菁等，2017；Yang et al.，2021）。布伦丹等（Brenes et al.，2006）认为，假定管理传承、控制和结构是家族企业持续性的前提下，作为结构和对外部成员的依赖基石，家族正式纽带是寻求企业和家族之间平衡的核心问题；郭萍（2014）研究认为，计划生育通过作用家庭结构变迁而影响家族企业代际传承，民营企业家会根据其家庭结构特征来设计代际传承的方案；曹等（Cao et al.，2015）研究认为，由计划生育政策导致的人力资本约束对家族企业代际传承产生负面作用；奚菁等（2017）研究发现，家族企业子女接班人在不同阶段的身份构建过程，受个体、家族、社会等静态因素的影响；杨等（Yang et al.，2021）研究发现，制度环境更差的地区，家族企业实现代际传承更为困难，而国有股东作为一项非正式制度可以缓解代际传承的难度。

2.4　文献述评

总体而言，国外这些丰富的理论与应用研究，为本书提供了一定的理论启示与应用借鉴。不过，新时代转轨经济和新兴市场中，国内家族企业"创一代"特质的不可传递与难以替代性，以及传承中"老臣"与"少主"特殊利益关系处理，使我国家族企业代际传承变得更为复杂，由此也对直接应用其他国家理论模型形成明显约束。这就要求对适用于发达国家的传承理论模型做必要的扬弃与创新，并紧密结合中国情景展开深入研究。事实上，国内学者从研究视角、研究方法运用以及理论借鉴等方面进行了探索。

（1）国外学者主要以发达国家的家族企业为研究对象，研究更多地集中于家族企业代际传承"过程化"的研究，力图在整体上破解"传承之谜"。不过，这些过程化模型依然缺乏实证检验，而且还比较缺乏对发展中国家和新兴市场情境的相关研究，尤其缺乏该情景下家族企业代际传承"早期阶段"行为特征的相关研究。

（2）可能囿于数据等原因，国内学者主要基于静态视角，将代际传承视作"某一特定事件"或侧重于代际传承前置因素的研究，较为缺乏基于控制权完整解构视角下的相关研究，而且总体上融合社会情感财富理论等理论诠释家族企业行为的研究还不够深入。

（3）现有文献对融合社会情感财富理论分析代际传承及其经济后果的研究并不丰富，且远未取得一致的研究结论，尤其是内生性处理还存有不足。

因此，探究家族权力配置及其与代际传承之间的作用机理，对推动中国情景下代际传承特定阶段的行为特征研究，进而为破解家族传承困境提供新的研究视角等方面具有重要的理论价值。

第3章

基础理论与理论框架

3.1 家族企业情景下的代理理论

委托代理理论是目前公司治理主流的一种分析框架（冯根福，2004），最初由高斯（Coase，1937）、詹森和梅克林（Jensen and Meckling，1976）、法玛和詹斯（Fama and Jensen，1983）提出，随后大量的经济学家和公司治理学者加以扩充与完善。传统委托代理理论基于股权结构分散化的假设，关注股东（委托人）与经理层（代理人）之间的代理关系，认为股东与管理者目标效用函数冲突以及信息不对称将不可避免地造成代理冲突，产生代理成本。解决代理问题的核心在于设计合理的激励约束机制，力求降低代理成本，维护股东利益（Jensen and Meckling，1976；Fama and Jensen，1983）。这通常被称为第一重代理问题。随后，洛佩兹德西兰等（López De Silanes et al.，1999）提出股权结构集中的假设，认为上市公司集中的股权结构形式是一种常态，美国上市公司分散的股权结构形式反而是例外，因此，股东之间产生的第二重代理问题——控股股东对中小股东的利益侵害更应引起重视。这便是在单委托代理理论基础上形成的双重委托代理理论。冯根福（2004）认为，就股权集中甚至高度集中的中国上市公司而言，双重委托代理理论提供了更强的解释力。家族企业研究者进一步引入家族企业特殊变量并将其应用于家族企业研究（Zellweger and Kammerlander, 2015），由此代理理论成为研究家族企业行为最重要的分析框架之一。在这个分析框架中，家族企业聚焦于这两重代理问题，同时引入利他主义（altruism）和"堑壕效应"（entrenchment）作为区分家族企业与非家族企业代理成本的两个基本要素（Chrisman et al., 2005c）。

（1）利他主义。既有文献关于利他主义对代理成本的影响存在两种截然相反的观点。有些文献认为，利他主义有助于降低家族企业代理成本。代理理论最初假设股权集中的家族所有者与管理者重叠形成的利益趋同效应可以降低代理成本。法玛和詹斯（1983）指出，家族管理者有助于解决少数股东"搭便车"行为，更有利于监督和约束决策制定与执行的相关代理人。伊顿等（Eaton et al., 2002）构建的经济模型表明，只要利他主义机制是互惠互利的（家族所有者和家族管理者存在彼此的利他行为）且具有对称性（彼此同等强度的利他主义），那么其就可以降低代理成本。克里斯曼等（2004）研究发现，家族企业的代理成本要显著低于非家族企业。卡尼（Carney, 2005）也认为，利他主义可以提升家族企业的竞争优势。然而，相反的观点认为，家族利他主义机制会恶化企业的代理问题。舒尔茨等（Schulze et al., 2001、2003）研究认为，利他主义倾向表现为"自我控制"问题，以及因"搭便车"、父母偏袒子女、执行合同困难、过于慷慨的特权消费，从而增加企业代理成本，而且这些代理成本很难以物质激励的方式加以控制，因为家族成员本身就可以获取企业剩余收益。王明琳和周生春（2006）对中国家族企业的实证研究也表明，利他主义加深了业主与管理者之间的代理问题。

（2）堑壕效应。家族股东在堑壕效应与代理成本中扮演着两种不同角色。一方面，家族股东可以减弱管理层对企业的利益剥夺问题（即第一重代理问题）。莫克等（Morck et al., 1988）研究认为，家族企业的堑壕效应更可能是一个企业特征函数，而不是管理层控制投票权的一种方式，堑壕效应并不必然隐含无效率，这反而是家族所有者寻求企业利润与私利之间平衡的一种策略，家族所有者有利于增加对管理层的有效监督，从而减轻第一重代理问题。施莱弗和维士尼（Shleifer and Vishny，1997）的研究表明，国家政治和法律制度对少数股东利益保护较弱时，家族所有权与家族管理会提升企业价值。伯卡特等（Burkart et al.，2003）进一步研究发现，在可以有效保护少数股东利益免受大股东利益剥夺的强法律体制经济体，由职业经理人管理公司是最优的治理方式，然而，若法律制度无法保护少数股东权益，由家族控制与管理企业则是最优的。另一方面，家族股东可能牺牲企业利益而攫取控制权私利，导致第二重代理问题。戈麦斯·梅加等（2001）证实，家族企业的堑壕效应较非家族企业更为严重。莫克和杨（Morck and Yeung，2003、2004）研究认为，家族的创业精神和创业天赋并不必然可以实现代际传承，因此，家族继承者动用企业财富和家族影响力时，更倾向于通过政治寻租而非创新和创业精神的方式来获取其相对竞争优势。家族企业处于金字塔结构持股方式时，上述堑壕效应尤其严重（Morck and Yeung，2003），这会引发控股家族对中小股东的掠夺行为（Johnson et al.，2000）。

总而言之，已有研究发现，利他主义和堑壕效应对家族企业绩效可能产生积极或消极的双重影响，而当中夹杂的利他主义行为使家族企业的代理问题较非家族企业更加复杂（Schulze et al.，2001；Schulze et al.，2003）。因此，将代理理论应用于家族企业研究时，不仅需要考虑家族所有者与管理者之间以及控股家族与其他中小股东之间的这两重代理关系，还需要考虑利他主义和堑壕效应因素，以便更加精确地把握家族企业的行为特征。

3.2　资源基础理论

巴尼（Barney，1991）的资源基础理论（RBV）强调企业异质性和资源的不完全流动性假设，定义了企业中三类不同的资源类型（物质资本、人力资本以及组织资本）以及四个资源特征（价值性、稀缺性、不可模仿性以及不可替代性）。这些独一无二的资源与能力可以为企业带来持续的竞争优势和经济绩效。这也从企业资源配置的视角，提供了区别家族企业与非家族企业及其之间的行为与绩效差异的理论基础。

哈伯松和威廉姆斯（1999）、哈伯松等（2003）进一步拓展了 RBV 理论，认为家族与企业的交互作用会形成"家族性"资源（familiness），并由此产生家族企业的核心竞争力。这些资源是由家族、家族成员与企业三个系统交互作用而产生的特异性资源集，并由此构建了家族企业绩效理论模型，如图 3 - 1 所示。该模型认为，家族企业绩效是资源与能力（或称为"家族性"）的"函数"，阐述了家族、企业与家族成员产生的资源与能力如何创造竞争优势，以及创造超额租金的可能性。与此同时，西蒙和希特（2003）运用 RBV 理论构建资源管理过程模型，以解释家族企业资源管理过程及其特异性资源是如何创造其优劣势的。该模型由资源存量（评估、添加及放弃）、资源组合以及资源利用三部分组成，包含家族企业五类特异性资源，即人力资本、社会资本、耐心资本、生存资本以及治理结构，西蒙和希特认为，对该资源的独特管理过程使家族企业较非家族企业更具竞争优势。类似地，卡尼（2005）认为，家族企业的竞争优势源自公司治理结构，并将其归纳为三种特性：节俭（parsimony）、人格（personalism）和独特性（particularism）。这些特质促使家族企业在恶劣环境获取竞争优势，更利于其创造和运用社会资本，并增加投资机会。法兰克等（Frank et al.，2016）运用新系统理论（nST），基于所有权、管理与控制、家族成员积极参与程度、积极参与的家族成员之间信息共享、代际传承意图、家族雇佣契约，以及家族企业标签六个维度来构建家族影响的家族性量表（Family Influence Familiness Scale，FIFS），试图量化家族性资源。

然而，家族参与也可能对家族企业行为产生负面影响。伦祖利等（Renzulli et al.，2000）的实证研究表明，关系网络中亲属占比越高的投资者创业投资越少。巴尼等（2002）运用社会网络理论分析认为，维持家族关系会减少家族成员维持其他强社会关系的能力，家族在资源获取上并没有什么优势。

需要进一步说明的是，RBV 理论在解释家族企业传承中具有一定作用。

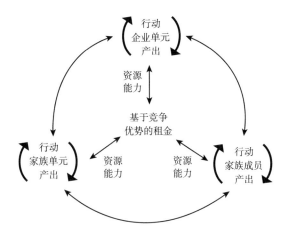

图 3 – 1　家族企业绩效理论模型

资料来源：Habbershon T. G. , Williams M. , MacMillan I. C.. A unified systems perspective of family firm performance ［J］. Journal of Business Venturing, 2003, 18 (4)：451～465.

例如，卡布雷拉苏亚雷斯等（Cabrera-Suárez et al. , 2001）结合 RBV 与传承过程，以解释家族企业代际传承的过程中，试图维持竞争优势的机会与挑战。谭和福克（Tan and Fock，2001）以五个新加坡家族企业为案例进行研究发现，家族企业选择继承人时，更注重其诚信与承诺而不是技术技能。胡旭阳和吴一平（2016）对中国家族上市公司创始人及继承者参政议政的实证分析表明，家族企业政治资本存在代际传承。

毋庸置疑，哈伯松等关于 RBV 理论的深入研究为家族企业从 RBV 视角开展研究奠定了重要的理论基础，而西蒙和希特（2003）对于家族企业独特性资源的界定，也使 RBV 理论成为继代理理论之后，成为区别家族企业与非家族企业之间行为重要的分析框架之一（Chrisman et al. , 2005a）。

3.3　社会情感财富理论

塔吉乌里和戴维斯（Tagiuri and Davis，1992）运用因素分析法最早发现，家族企业天然存在非经济目标。随后，一些学者聚焦于家族非经济目标以及家族利益而展开一系列的研究（Gomez-Mejia et al.，2007；Astrachan and Jaskiewicz，2008；Zellweger and Astrachan，2008；Zellweger and Nason，2008；Stockmans et al.，2010；Gomez-Mejia et al.，2011；Berrone et al.，2012；Miller and Breton Miller，2014；Debicki et al.，2016）。其中，由行为代理理论（Behavioral agency theory）衍生的社会情感财富理论（socioemotional wealth，SEW）对家族的非经济目标进行了比较系统的分析与归纳，日益受到重视。戈麦斯·梅加等（Gomez-Mejia et al.，2011）甚至认为，社会情感财富构念的发展是推动家族企业研究发展不可或缺的一极。事实上，近年来，运用 SEW 理论或分析视角的文献层出不穷（Gomez-Mejia et al.，2014；Kotlar et al.，2014；翁宵暐等，2014；吴炳德和陈凌，2014；Martin et al.，2014b；Vandekerkhof et al.，2015；Hauck et al.，2016；严若森等，2016；de Castro et al.，2017；Rousseau et al.，2018；Huang et al.，2019；马骏等，2020），这为社会情感财富理论解释家族企业行为提供了重要的学术洞见。

根据戈麦斯·梅加等（2007）、贝罗内等（Berrone et al.，2012）的观点，社会情感财富是家族凭借其在企业所有权和管理权中的重要地位而获取的非经济收益，其表现形式多种多样，主要包括：行使权力的能力（Schulze et al.，2003）；满足归属、情感与亲情的需求（Kepner，1983）；家族价值观永续于企业内部（Handler，1989），建立永续家族王朝（Casson，1999）；保全家族社会资本（Arregle et al.，2007），履行基于血缘关系的家族义务（Athanassiou et al.，2002），以利他主义对待家族成员（Schulze et al.，2003）；家族象征（Littunen，2003）；社会地位（Zellweger and Astrachan，2008）。其中，利他主义原系社会学领域范畴，是指连接个体之间福利的一种效用函数（Schulze et al.，2003）；在家族企业情景中，特指家族所有者为整个家族谋取福利的意愿（Gomez-Mejia et al.，2011）。丧失社会情感财富就意味着家族亲情淡化、家族社会地位下降以及家族愿望无法得到满足。因此，避免社会情感财富损失是家族企业一项重要的战略决策选择（Gomez-Mejia et al.，2007）。

除丰富的内涵外，社会情感财富尚呈现多维度的结构特征，以戈麦斯·梅加为核心的学者对此进行了系统描述。戈麦斯·梅加等（2007）认为，社会情感财富包含家族情感、家族价值观以及利他主义三个维度。具体而言：第一，由于家族成员与企业紧密结合，甚至企业本身就是以家族姓氏命名，且家族所有者的信誉与声望均来自企业，家族通过控制企业维护其自身形象并获得情感满足。第二，家族成员，尤其是创始家族成员，将家族价值观深植于企业内部，使其形成独特的企业文化。这便成为家族企业区别于非家族企业的重要维度之一，而家族也希望通过家族价值观在企业的延续建立永续家族王朝。第三，家族通过利他主义行为以谋取家族成员的福利，通常不考虑家族员工对企业的贡献及能力大小，也不考虑这些家族成员对其的回报。

然而，贝罗内等（2012）进一步认为，以往文献仍没有充分探究社会情感财富的结构维度，并将其归纳为家族控制与影响、家族成员与企业契合度、紧密的社会纽带、情感归属以及传承意愿五个维度。其中：（1）家族控制与影响是指家族成员利用其所有权控制地位、先赋的社会地位或者个人魅力，通过正式制度（如家族董事、家族 CEO）或非正式规则，行使权威、控制企业、影响企业的战略决策行为；（2）家族成员与企业契合度代表家族与企业之间紧密的契合度，家族所有者身份、形象往往镶嵌于企业之中，从而使家族延伸于企业；（3）紧密的社会纽带涉及家族企业的社会关系，亲缘关系促使家族内部形成集合社会资本、产生信任关系以及更加紧密且团结一致，同样这种亲缘关系可以扩展到家族成员与非家族员工，乃至与社区之间的社会关系，从而形成紧密的社会纽带；（4）情感归属专指家族企业情景中情感的作用，家族情感弥漫于企业内部，影响企业决策过程，情感归属是家族对企业的一种心理依赖，企业也成为满足家族归属、心境及亲情需求的场所；（5）传承意愿是指家族所有者把企业视为家族遗产和家族传统，将企业作为一项长期投资，并希望实现代际传承。

从中不难发现，贝罗内等（2012）五维度划分较戈麦斯·梅加等（2011）三维度划分更具合理性，诚如朱沆等（2012）所言，五维度划分法更能彰显社会情感财富丰富的内涵和内在机理。然而，它将来源维度要素（家族成员与企业契合度、紧密的社会纽带、情感归属）与结果维度要素（家族控制与影响、传承意愿）相混淆，还需进一步完善。

对戈麦斯·梅加等（2011）、贝罗内等（2012）以及其他研究分析中可以看出，社会情感财富对家族企业集中体现了两种功能：一是维系家族对企业的长久管理与控制；二是利他主义。家族价值观的维系、家族成员与企业契合度及情感归属需求等，能够提高家族成员的自尊、自我价值实现等更高层次的需求，而这无疑有助于实现家族管理与控制在企业文化层面上的升华，特别是当家族需要长久管理与控制企业之时，这种升华的功能或作用将体现得尤为明显。而就传承意愿而言，作为实现控制权代际交接的基础，其与企业实现家族控制具有密切的联系（Zellweger et al.，2012），而且，传承常常是保持家族控制的重中之重（Astrachan et al.，2002）。至于家族中的利他主义行为，鉴于其可能的非经济目标考虑，其时常会有悖或损害家族企业的现实经济利益。例如，家族企业高管团队倾向于选择家族契约来保护家族财富（Cruz et al.，2010），为保护家族社会情感财富，家族企业也会实施一些影响企业经济利益的非经济目标，例如控制污染（Berrone et al.，2010）、抑止企业多元化（Gomez-Mejia et al.，2010）、努力保持与行业标准相一致的战略（Miller et al.，2013）以及抑止企业国际化（Liang et al.，2014）。本书正是基于上述相关研究，以管理与控制、利他主义两个结构维度衡量社会情感财富，简要概括如表 3 - 1 所示。需要指出的是，德比基等（Debicki et al.，2016）试图从家族声誉（family prominence）、家族持续性（family continuity）、家族富集度（family enrichment）三个维度测量社会情感财富，然而，在本质上并未突破管理与控制、利他主义两个维度。

表 3 -1　　　　　　　社会情感财富结构维度、简要内容与功能

结构维度	简要内容	功能
管理与控制	家族价值观、情感归属、社会地位、传承意愿等	维系家族对企业的长久管理与控制
利他主义	利他主义机制	为家族成员谋取福利

资料来源：笔者根据文献归纳整理。

贝罗内等（2012）指出，应用于经济学的"外来"范式解释家族企业独特性还存在一定的缺失，例如，研究结论互为矛盾、理论模型过于简化、术语重叠、理论解释的整体性不强以及借助"外来"理论牵强附会地解释家族企业现象等。因此，融合社会情感财富理论或视角解释家族企业行为特征不失为一个极富意义的研究尝试。

3.4 家族企业本土情景化因素：重要岗位家族涉入

梁觉和李福荔（2010）、梁觉（2011）认为，借鉴西方成熟理论开展本土化管理研究是一条重要且行之有效的路径。缘由中国特有文化及制度背景，理解中国家族企业的行为特征，本书认为，家族亲缘人员或"泛家族成员"在重要岗位涉入是需要考察的一个重要维度。

既往家族企业文献广泛关注家族管理参与对企业行为的影响（Chen and Hsu，2009；陈凌和王昊，2013；Jain and Shao，2014；翁宵暐等，2014；严若森和叶云龙，2014；Gallucci et al.，2015；Matzler et al.，2015；Luan et al.，2017；陈志斌等，2017；刘星等，2020；徐炜等，2020；刘星等，2021），然而遗憾的是，其主要考虑家族成员在高层管理岗位参与，尤其是家族CEO、家族董事，而鲜少关注家族成员在重要岗位涉入。本书认为，家族成员担任企业一些重要岗位有其特定的文化、制度因素。

从社会文化来看，中国"差序格局"的社会结构（费孝通，1947）导致企业构建了以血缘关系、地缘关系为基础的人际网络结构，形成内外有别、纵向秩序的社会信任结构，并对企业行为产生重要影响。郑伯壎（1995）进一步发展了差序格局的概念，并将其应用于华人组织。郑伯壎（1995）把企业员工按关系亲疏、忠诚高低和才能大小分为八类，即经营核心（亲/忠/才）、事业辅助（亲/忠/庸）、恃才傲物（亲/逆/才）、不肖子弟（亲/逆/庸）、事业伙伴（疏/忠/才）、耳目眼线（疏/忠/庸）、防范对象

（疏/忠/才）以及边缘人员（疏/逆/庸），如图3-2所示。家族所有者基于信任关系，将涉及企业运营的一些重要岗位交于"亲、忠"的家族成员担任，例如，采购岗位、出纳岗位、销售岗位，从而对中国家族企业行为带来独特的行为特征。

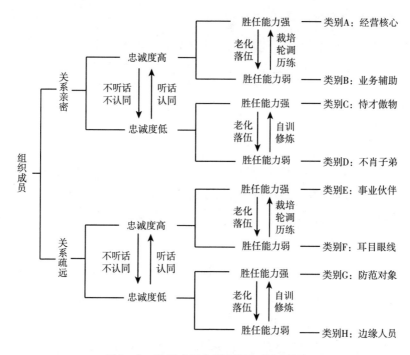

图3-2　组织成员归类历程与类别原型

资料来源：郑伯壎．差序格局与华人组织行为［J］．本土心理学研究，1995（3）：142-219．

就经济制度特征而言，家族在重要岗位涉入可能是家族企业面对诸如国内经理人市场不完善等制度环境软约束而采取的一项替代机制。阿塞莫格鲁和约翰逊（Acemoglu and Johnson，2005）认为，个人会寻求替代方法以弥补契约制度保护不力的窘境。就家族企业而言，家族成员担任采购、销售以及财务等重要岗位，其虽非高层管理者，却渗透于企业日常运营，在很大程度上会影响经营决策执行，加深了家族企业行为的不确定性。国内家族企业普遍的经验现象是：受家族成员管理能力约束，企业聘任职业经理人担任高层管理人员，而部分核心的运营岗位仍由家族成员把持；这些重要岗位常常涉及市场、成本、资金等企业核心资源，且家族又往往掌控其中最核心的资源——人脉资源、银行资源以及核心市场资源。此外，实务界有家族企业通过治理机制创新，构建重要岗位激励机制的案例。例如，焦点科技（002315）控股股东将在3年内以每股1元定价分批次向非高管员工转让1 000万股的股票收益权，最终让渡股票所有权。

3.5　理论框架

企业异质性特征受到学者的广泛认同。对家族企业来说，家族变量涉入尤其是家族权力配置，是形成家族企业异质性特征的重要根源（Chua et al.，2012；Daspit et al.，2018），也使家族企业异质性特征展现出更强的复杂性。而且，中国处于新时代转轨经济和新兴市场中，独特文化植入下家族企业"创一代"特质的不可传递与难以替代性，以及传承中"老臣"与"少主"特殊利益关系处理，使中国家族企业代际传承变得更为复杂。

已有文献研究了家族企业代际传承的诸多要素，例如，传承者与继承者及其交互交系（Marshall et al.，2006；Koffi et al.，2014；李新春等，2015；Parker，2016；Joshua et al.，2016；奚菁等，2017；Huang et al.，2019），企业其他利益相关者的参与（Joshua et al.，2016；Meier and Schier，2016；Bertschi-Michel et al.，2019；Schlepphorst and Moog，2014），同时既往文献也研究了家族企业权力配置对企业行为的影响（Hutton，2007；Anderson et al.，2009；De Cesari，2012；魏志华等，2012；Ampenberger et al.，2013；陈德球等，2013b；肖金利等，2018；许宇鹏等，2021；祝振铎等，2021）。然而，"代际传承是一个长期社会化的过程"（Longenecker and Schoen，1986），会经历较长时间的演化过程（Dyer，1986；Ward，1987），尤其是，代际传承"早期阶段"离代际权力交接的时间跨度长，影响家族价值观或家族准则的塑造及其在未来的传递。家族所有权和管理权的代际转移是代际传承的本质诉求（Le Breton-Miller et al.，2004），代际传承实际上是将企业的管理权和所有权传递给下一代的过程（Sharma and Dave，2013），因此，家族权力配置对代际传承的影响有其自身的运行逻辑。

家族企业受家族控制，公司决策很有可能会与家族决策重叠（Van Auken and Werbel，2006），夫妻关系在家族企业中的重要地位（Poza and Messer，2001）以及夫妻共同参与企业管理对家族企业行为有重要的影响（肖金利等，2018；许宇鹏等，2021）。本书以夫妻共同持股作为家族企业权力配置的一项要素，与此同时，家族对控制有着天生的偏好，因而将家族控制权作为家族企业权力配置的另一要素。实际上，家族对企业的控制能够通过对所有权、董事或经理人的超额配置得以实现。通过控制权制度的精心安排，家族掌握企业经营决策权。就公司治理而言，家族权力配置本质上体现于控股家族在股东会、董事会以及经理层三个不同层级的权力配置，因此，家族控制权需要股东会层次的控制权、董事会层次的决策权以及经理层次的经营权，从而实现控股家族在不同层级上控制经营决策权，最终形成家族对企业的超额控制，即股东会家族超额控制、家族超额董事席位以及家族超额经理职位。

已有研究表明了宏观制度特征对微观企业行为的影响作用（雷光勇和刘慧龙，2007；夏立军和陈信元，2007；张杰，2008；辛清泉和谭伟强，2009；唐跃军等，2014；杨兴全等，2014）。当前中国企业仍然面临着区域发展水平差异较大、市场化进展程度很不平衡的宏观制度环境（樊纲等，2012；郝颖等，2014），而且社会信任是决定一个国家或地区经济发展和社会进步的重要因素（Knack and Keefer，1997；Özcan and Bjørnskov，2011；吕朝凤等，2019），影响企业行为选择（夏立军和陈信元，2007；辛清泉和谭伟强，2009；唐跃军等，2014；杨兴全等，2014；Pevzner et al.，2015；王艳和李善民，2017；Li et al.，2019；Qin et al.，2022）。因此，本书进一步将地区市场化水平和地区社会信任水平纳入代际传承的理论框架。此外，为了保持研究的完整性，本书还实证检验了家族权力配置产生的代际传承导致的经济后果。

本书的理论框架总结如图3-3所示。

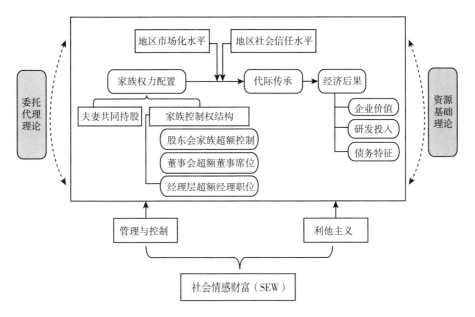

图 3 − 3　理论分析框架

资料来源：笔者根据理论分析归纳整理。

| 第 4 章 |

制度环境、家族权力配置与代际传承

研究认为，第一代传承至第二代的家族企业的存活率为30%，而只有15%的家族企业可以从第二代传承到第三代，传承到第四代及其以上还能够存活的家族企业比例仅为3%（Dyer，1986；Ward，1987）。实际上，代际传承是家族企业发展过程中的一项战略挑战，这在现阶段中国"创一代"年龄结构现状以及未来5～10年将迎来代际传承高峰期的现实背景下（王扬眉等，2021）尤显意义重大。

4.1　夫妻共同持股与代际传承

家族企业受家族控制，企业决策很有可能会与家族决策重叠（Van Auken and Werbel，2006），其中，企业家夫妻关系居于十分重要的地位（Poza and Messer，2001），夫妻共治的所有权配置具有以婚姻关系为基础的契约功能，更容易形成夫妻双方的信任与合作（许宇鹏，2020）。从婚姻法相关法律规定来看，家庭投资公司时，夫妻共同持股与单独持股并无根本性差异[1]，但是夫妻

---

[1]　需要说明的是，2020年颁布的《中华人民共和国婚姻法》中夫妻共同持股相关内容规定存在略微差别。例如，第十九条"夫妻财产约定"规定，"夫妻可以约定婚姻关系存续期间所得的财产以及婚前财产归各自所有、共同所有或部分各自所有、部分共同所有。约定应当采用书面形式。"没有约定或约定不明确的，有可能归入夫妻一方的财产；在司法实践中，法院不支持"以夫妻共同财产出资，登记为有限责任公司股东的未登记配偶要求取得股东身份"。

共同持股在很大程度上可以反映配偶一方在家庭及企业中的话语权。统计数据显示，只有极少数家族上市公司实际控制人的配偶在没有持股的情形下进入公司担任高管（肖金利等，2018）。与此同时，夫妻共同持股通常伴随夫妻共同管理企业，深刻影响企业行为。例如，肖金利等（2018）研究认为，妻子持股会增加其在企业任职的概率且更多地聘任女性高管，并降低丈夫的大男子主义倾向，从而产生更低的企业风险承担水平；伯德和齐薇格（Bird and Zellweger，2018）研究发现，信任、身份认同以及夫妻相互间的义务三类关系的嵌入使夫妻共治家族企业较兄弟姐妹共治企业具有更高的公司成长性；海德堡和戴恩斯（Hedberg and Danes，2012）研究认为，共同创业的家族企业中，若配偶被视为平等的合作伙伴，则更可能促使企业形成一个更为有效的商业决策团队，从而创造性地解决重要的商业决策问题；许宇鹏（2020）研究表明，夫妻共同持股与共同管理的权力配置方式会通过家族企业内部股权制度、夫妻双方多元化才能以及妻子的专家型人力资本特质（如果有）而灵活调节成本黏性程度。

通过代际传承实现家族企业的基业长青是其一项战略目标。有些学者甚至将代际传承视为识别家族企业的一项重要标准（Donnelley，1964；Handler，1989；Churchill and Hatten，1997）。在实现家族企业代际传承战略目标的驱使下，夫妻共同持股从以下三个方面施加影响：第一，夫妻共同持股使家族企业股权相对更为集中，企业资产与家族资产的联系更为紧密，因此，控股家族更有动机保护社会情感财富以避免损失（严若森和叶云龙，2014），其中，代际传承是体现社会情感财富的一项重要载体。基于长久管理与控制、利他主义机制的考虑，夫妻共同持股会促进家族所有权与管理权的代际传承。第二，夫妻共同持股使夫妻双方拥有相对平等的话语权（许宇鹏，2020），这不仅可以提高夫妻共同参与管理的概率（肖金利等，2018），而且妻子拥有家族企业股份通常意味着较高的企业管理参与程度，由此丈夫也更愿意与妻子分享公司信息并寻求帮助（Van Auken and Werbel，2006）。与此同时，丈夫与妻子在家族企业中担任的角色具有差异（Dyer et al.，2012；Carr and Hmieleski，2015），例如，丈夫作为"掌舵者"主导企业发展，妻子作为"贤内助"协助企业管理的分工，会在企业运营中发挥不同程度的互补功能。叠加夫妻双方不同性别形成的特质差异，例如风险态度、行为模式等，可以更好地为家族所有权、管理权的代际传承提供人力资本支持。第三，夫妻共同持股会降低代理成本，提高公司治理水平，这为家族企业代际传承提供了一个更加稳定的传承环境。研究表明，丈夫进行决策时在多大程度上考虑妻子的利益，很大程度上取决于妻子对丈夫的有效监督力度（Ashraf，2009），妻子持有股份通常旨在参与公司管理，因而使妻子更加容易监督丈夫；同时，日常工作与家庭生活的交叉，会使夫妻双方的沟通更为顺畅，很大程度上可以消除双方在公司经营理念和决策的分歧或矛盾（许宇鹏，2020）。这会提高夫妻双方治理公司的合力，降低代理成本，从而营造相对稳定的公司环境，促进家族企业代际传承的顺利实施。

由此，提出以下研究假设。

假设 1：相较于单独持股的家族企业，夫妻共同持股企业的代际传承倾向更为明显。

4.2 家族控制权配置偏好与代际传承

家族权力配置需要股东会层次的剩余控制权，也需要董事会层次的决策权，还需要经理层层次的经营权，从而在不同层次实现控股家族对企业决策权的掌控，最终形成股东会、董事会以及经理层家族超额控制，体现家族对企业相对于表决权的超额控制，具体表述为股东会家族超额控制、家族超额董事席位、家族超额经理职位。以下对这三个方面展开理论分析，演绎研究假设。

4.2.1 股东会家族超额控制与代际传承

委托代理理论是分析家族企业行为的主流范式之一（Berle and Means，1932；Jensen and Meckling，1976；Fama and Jensen，1983；Eisenhardt，

1989；López De Silanes et al.，1999），结合家族企业及中国情景化的研究已经引起学者的重视（王明琳和周生春，2006；王明琳等，2014；翁宵暐等，2014）。在委托代理理论分析框架下，家族企业体现两重委托代理关系：一是家族所有者与管理者之间；二是控股家族与其他非家族股东之间。

　　由于实际控制人对企业采取不同的控制方式，导致终极控制权与现金流量权的不对等，从而形成控制权与现金流量权的分离。越高的股东会家族超额控制代表终极控制权与现金流量权之两权分离度越大，意味着控股家族利用多重控股方式，以相对较低的现金流量权取得了对企业的控制权。就控股家族与其他非家族股东之间关系而言，控股家族存在利用其优势地位为其实施"隧道行为"提供便利而侵害其他中小股东利益的动机。研究表明，大股东往往利用其控股股东地位而侵害中小股东利益（李增泉等，2005），这加深了控股股东与中小股东之间的代理问题。就家族企业而言，控股家族与非家族股东的代理冲突会伴随终极控制权与现金流量权之两权分离度扩大而呈恶化趋势（王明琳和周生春，2006）。同时，终极控制权与现金流量权之两权分离使控股家族既不能获取企业的全部收益，也不必承担投入资产的全部风险，因而更有动机形成控制权私人收益导向配置。维拉隆加和阿米特（Villalonga and Amit，2006）甚至认为，控股家族的私人收益可能是其作为大股东实施监督职能而获取的公允市场价值回报。上述两个方面均易造成企业资源错配而损害企业长期目标视野，降低家族企业代际传承意愿。就此而言，主要通过以下途径得以实现：第一，将企业内部可支配现金流和银行授信额度内现金流进行私人收益导向配置。终极控制权与现金流量权之两权分离度较大，即股东会家族超额控制较高时，控股家族具有更强的动机和便利条件将可支配现金流配置于为满足私利的次优决策上，甚至是通过短期交易攫取控制权私人收益，例如，大股东资金占用、利用关联交易进行利益输送。第二，利用信息不对称优势。相对于非家族股东的"消极参与"及"搭便车"的动机，控股家族直接参与企业经营决策，处于信息不对称的优势地位，且家族企业的信息披露动机更弱（Anderson et al.，2009；Schmid et al.，2014），这使控股家族更容易寻求私人收益。第三，利他主义机制。股东会家族超额控制较高时，控股家族更容易忽视企业长期利益目标，更多地追求家族利益函数短期最大化，导致控股家族"自我控制"问题而形成的资源投入机会主义行为（Schulze et al.，2001；Schulze et al.，2003），从而损害代际传承。

基于此，当股东会家族超额控制程度较大时，控股家族有较强的动机及便利条件，通过降低企业信息透明度，为自利行为提供便利条件，从而更易实施企业资源私人收益导向配置进行短视行为，例如，进行关联交易和建立"企业帝国"（López De Silanes et al.，1999）、发放特殊性股利（DeAngelo and DeAngelo，2000）、冻结中小股东股权（Gilson and Gordon，2003）、投资于满足"宠物"项目而不是盈利性更高的项目（Laux and Mittendorf，2011），进而抑制代际传承意愿。由此，提出以下研究假设。

假设2：股东会家族超额控制程度越高，家族企业代际传承的倾向越弱。

4.2.2　家族超额董事席位/家族超额经理职位与代际传承

代理理论认为，企业由家族控制是一种高效的治理模式（Jensen and Meckling，1976）。家族成员之间的血缘关系或亲缘关系使控股家族更倾向于聘任家族成员担任董事以增强其对企业的控制（Villalonga and Amit，2009），而且为保护社会情感财富，控股家族也具有让家族成员进入董事会参与经营管理的动机（严若森和叶云龙，2014）。董事会体现对股东会的一种"信托责任"，控股家族成员通常会担任公司董事，尤其当家族创始股东成员担任董事长时，能够增强董事会的信托责任。中国家族企业控股股东兼任董事长情况较为普遍，这可能缘于中国家族企业目前主要由"创一代"掌权，而家族成员，尤其是创始家族成员，在企业中通常具有天然的权威优势。这无疑增强了股东会与董事会之间的信托责任关系，促使家族企业更具有长期目标视野（Zahra，2005；Breton-Miller and Miller，2006；Cassia et al.，2012；Zellweger et al.，2012），从而激励家族企业代际传承的动机。董事会不仅可以提供一项内部治理机制，有利于解决因家族控制而引发的冲突问题（Anderson and Reeb，2004），还能够利用家族董事增加对企业的控制权，从而促进战略决策制定与执行的一致性；而且较高的家族超额董事席位能够借助家族董事的长期目标视野构建二代继承的合法性，并缓解控股家族与中小股东之间的代理冲突（刘星等，2020），可以为代际传承创建良好的环境。

家族企业通常是家族的主要经济财富（Breton-Miller and Miller，2006；Arregle et al.，2007；Gomez-Mejia et al.，2007），家族财富、家族就业机会以及家族在社团中的声誉均与企业命运紧密相连（Le Breton-Miller et al.，2011），较高的家族所有权和家族董事席位使家族更加注重企业的声誉（Deephouse and Jaskiewicz，2013），因而具有长期目标视野，激励家族企业代际传承的动机。与此同时，家族所有者与家族管理者职能重叠所形成的利益趋同效应以及家族成员在重要岗位涉入，在加强家族对企业控制的同时，还可以有效缓解诸如道德风险、逆向选择以及"敲竹杠"等管理者机会主义行为。研究表明，家族董事成员的任命还可以提高其工作积极性，进而提升公司治理水平（Bauweraerts and Colot，2017）。就此而言，无论是家族高层管理者，还是家族成员担任重要岗位均会提高公司治理水平，从而提供代际传承的平稳环境，同时家族董事、家族管理人员的合力也更有助于实现默会知识的代际传承。进一步，家族企业的人力资源水平通常较低（Fernández and Nieto，2006），因此，一方面，家族通过引入职业经理人的方式来弥补自身管理资源的缺失，促进对包括家族成员在内的管理者学习效应，提高其人力资本水平；另一方面，作为应对国内经理人市场不完善等制度环境软约束的一项"自适式"的替代机制，家族企业保留重要岗位的家族成员，这不仅可以降低或避免职业经理人可能离职而给经营带来过多的波动性，还能够减少因无法有效控制甚至失控于经营项目实施过程而造成家族控制权被稀释的担忧（Gomez-Mejia et al.，2007），从而促进代际传承的有效性。

此外，家族企业的利他主义机制激励家族成员彼此"无私"地考虑对方利益、建立集合股权（collective ownership）意识、减少家族成员之间的信息不对称以及创造鼓励承担风险的组织文化（Karra et al.，2006），这要求家族成员能够为企业长期生存目标而愿意牺牲自己的短期利益（Carney，

2005；Glover and Reay，2015），从而将家族利益优于家族成员的个人利益之上（Davis et al.，1997）。家族成员还将家族其他成员的利益纳入其个人效用函数中，寻求家族整体利益的最大化（Cai et al.，2013）。进行代际传承实现家族企业基业长青是实现家族利益最大化的重要途径。因此，越高的家族超额董事席位和家族超额经理职位越能发挥利他主义机制的这些积极功能，家族企业代际传承的倾向会越明显。由此，提出以下研究假设。

假设3：家族超额董事席位程度越高，家族企业代际传承的倾向越明显。

假设4：家族超额经理职位程度越高，家族企业代际传承的倾向越明显。

4.3 地区市场化水平、家族控制权配置偏好与代际传承

新制度经济学认为，制度是经济运行和经济发展的内生变量，影响企业交易成本大小和交易方式的选择（Coase，1937；Coase，1960；Williamson，1979；Williamson，1985）。在"新兴加转轨"的制度背景下，企业面临区域发展水平差异大、市场化进展程度很不平衡的宏观制度环境（樊纲等，2012；郝颖等，2014）。唐跃军等（2014）注意到，经过30多年发展，逐步呈现东部沿海地区的市场化程度变高，而西部地区市场化程度相对滞后，而且中央政府的政策扶持、区位优势、基础设施发达以及金融市场发展迅速等多方面的优势，使东部沿海地区经济较为发达，西部内陆地区发展较为滞后。

企业行为研究中，国内的市场化改革是必须重视的制度背景之一（姜付秀和黄继承，2011），而且中国为研究控制权理论提供了理想的制度背景（Fan et al.，2013）。在国内，樊纲等（2012）创建市场化进程指标体系，以度量国内各省份的相对市场化进程程度，体现国内各省份的市场化水平差异。该指标包括政府与市场的关系、产品市场的发育、要素市场的发育、市场中介组织发育以及法律制度环境五大因素。需要指出的是，自1978年改革以来，中国初步确立了社会主义市场经济体制，特别是确立了私有产权保

护制度。就此而言，国内区域市场化差异主要体现于制度执行效率、执行尺度等诸方面差异。一般而言，市场化程度较高地区的经济发展水平较高，市场配置资源的功能较强，具体表现为市场发育程度较好、政府干预经济较少、法律制度保护程度较高以及企业所面临的融资约束程度较低等诸方面。因此，在市场化程度高的地区，企业交易成本相对更低，政府机会主义行为相对更弱，企业寻租空间也相对更少。

地区制度环境对企业行为的影响备受关注（雷光勇和刘慧龙，2007；夏立军和陈信元，2007；张杰，2008；辛清泉和谭伟强，2009；唐跃军等，2014；杨兴全等，2014）。结合家族企业情景的研究也日益受到重视。陈凌和吴炳德（2014）研究表明，市场化水平较高或负责人受教育程度较高时，家族企业研发投入的增幅会低于非家族企业，但当两者同时处于较高水平时，家族企业研发投入的增幅则高于非家族企业；李新春等（2016）研究了地区关系文化对新创企业的战略影响，研究发现，新创企业所在地区关系文化的制度性束缚会驱使新创企业趋向关系战略同形，而制度场域中的矛盾则会激发新创企业采取背离战略的制度创业行动；潘越等（2019）研究表明，宗族文化会促进控股家族亲属更多地参与企业治理；杨扬等（2020）还研究了地区代际流动性水平这一非正式制度对家族企业管理家族化的影响，研究发现，处于代际流动性水平较高地区的家族企业，实际控制人会更少地聘任亲属参与公司管理。

鉴于正式制度和非正式制度对家族企业行为的影响，本书从市场化进程这一正式制度以及社会信任这一非正式制度的双重视角探究家族权力配置对家族企业代际传承影响的作用边界。

4.3.1　地区市场化水平、夫妻共同持股与代际传承

尽管市场化进程已经取得了很大发展，但是由于我国各地区资源禀赋、地理位置以及国家政策的不同，各地区市场化发展程度还很不平衡（樊纲等，2012），这使各地区家族上市公司所面临的治理环境表现为显著的差异性，进而对夫妻共同持股的治理效应形成不同的影响。随着地区市场化水平

的提高，政府职能逐步由"干预型"向"服务型"转变，非国有经济以及产品和要素市场的发展程度更高，企业将更多地按市场配置资源的规则运行，这些均会增强夫妻共同持股通过市场化方式提高对企业的控制力度，维护社会情感财富。同时，市场化程度越高的地区，男女地位平等程度显得更高，因此，夫妻双方的沟通更为畅通，妻子也可以更为有效地实现对丈夫的监督，公司治理效率会变得更高。较高的市场化程度还可以通过其他的治理机制提高公司治理水平，创建实施代际传承的良好外部环境。研究发现，市场化程度较高的地区更有助于提升债务的治理作用（唐松等，2009），完善的法律保护与监管体系为强制披露的质量提供了制度保障（程新生等，2011）。因此，较高的地区市场化水平会提高夫妻共同持股对家族企业代际传承的促进效应。相反，地区市场化水平越低，市场化资源配置效率越差，企业更可能利用寻租等机会，而且更低的夫妻平等地位可能导致夫妻共同持股治理效应的不同程度缺失，从而损害家族企业代际传承的企业治理环境。由此，提出以下研究假设。

假设1A：家族企业所处地区的市场化水平越高，夫妻共同持股对代际传承的促进效应越强。

4.3.2　地区市场化水平、股东会家族超额控制与代际传承

股东会家族超额控制程度较高时，市场化程度较高的地区因具有较好的制度供应而能够缓解控股家族对家族企业代际传承的抑制效应。市场化水平较高的地区拥有相对完善的公司控制权市场、职业经理人市场、债权人治理机制等，可以通过影响企业契约的签订和执行而提高公司的治理效率（夏立军和方轶强，2005），从而有助于缓解控股股东对中小股东的"掏空"行为。而且，控股家族为降低其对企业控制的合法性风险（Arndt and Bigelow，2000）而趋向于"战略一致性"（Miller et al.，2013），即所谓，"企业行为，如创新投入、促销、资本强度、股利分配政策、财务结构以及承担风险的行为等，均符合行业内大多数企业的标准"，以减少外部制度环境对家族

控制权稀释问题以及社会情感财富的不确定性影响，这在客观上建立了实施家族企业代际传承更好的治理环境。相反，在市场化程度较差地区，政府较多地干预经济活动，市场配置资源机制较弱，企业寻租空间较大。因此，即使在股东会家族超额控制较高的前提下，控股家族仍然能够通过寻租、公司治理结构家族控制导向等外生配置的方式，而不是通过提高创新能力、改善企业绩效等内生驱动的方式，获取其对企业的控制权，避免社会情感财富损失。赫尔曼和魏斯巴赫（Hermalin and Weisbach，2001）研究表明，CEO可以通过精心设计董事会来强化其对企业的控制权。在这种情形下，控股家族更容易引发其攫取控制权私人收益的动机，使控股家族更具短视行为，抑制代际传承的意愿。由此，提出以下研究假设。

假设2A：家族企业所处地区的市场化水平越高，股东会家族超额控制对代际传承的抑制效应越弱。

4.3.3　地区市场化水平、家族超额董事席位/家族超额经理职位与代际传承

就董事会和经理层家族超额控制而言，市场化水平较高的地区提供了交易成本相对较低的制度环境，可以减少企业内部交易费用，提供了家族企业长期目标视野的制度激励，从而提高控股家族的代际传承意愿。具体来说：第一，由"干预型政府"逐步向"服务型政府"的转型表现为更多的"扶持之手"，由此创建了相对公平的市场竞争环境，企业能够较好地按自身的发展规律生存与发展，从而提升家族企业代际传承意愿。第二，市场化水平较高的地区建立与执行较为有效的以私有产权保护为核心的制度体系，例如产权制度、契约制度、信贷制度等，企业交易成本相对更低。由此，也更有利于市场资源配置于利用效率及创新能力更高的行业或企业，而且公司治理水平及其治理效率相对较高，控股家族也会更为注重家族声誉。因此，为避免社会情感财富损失，家族超额董事席位越高以及家族超额经理职位越多，家族企业越有动机、越有能力建立与实施以企业长期目标为导向的公司战

略，从而促进家族企业代际传承偏好。第三，市场化水平较高的地区相对完善的经理人市场、债权人市场等外部治理机制，也在客观上提升了家族成员的人力资本水平以及家族企业公司治理水平，更好地促进利他主义机制的积极效应，缓解了包括因家族利他主义机制的消极效应而可能造成的代理问题，从而为家族企业代际传承提供较好的治理环境。由此，提出以下研究假设。

假设3A：家族企业所处地区的市场化水平越高，家族超额董事席位对代际传承的促进效应越强。

假设4A：家族企业所处地区的市场化水平越高，家族超额经理职位对代际传承的促进效应越强。

4.4 地区社会信任水平、家族控制权配置偏好与代际传承

社会信任属于非正式制度，从经济学角度来看，社会信任是交换与交流的媒介（Williamson，1975），往往是人们在重复博弈过程中追求长期利益的理性选择结果（张维迎和柯荣住，2002），有助于降低交易成本。更具体地，"社会信任的形成过程是社会群体共同认同的相应的价值规范，降低行为人之间互动交易的不确定性，促进企业之间或者个体之间达成相应的经济或社会契约，从而产生一致性的期望行为，降低彼此的道德风险"（阳镇等，2021）。

社会信任是经济交易的"润滑剂"，也是决定一个国家或地区经济发展和社会进步的重要因素之一（Knack and Keefer，1997；Özcan and Bjørnskov，2011；吕朝凤等，2019）。社会信任还会通过多种途径影响微观企业行为及其绩效表现。已有研究表明，社会信任通过提高信息交换质量而增加企业资源配置效率（Murphy，2002）。社会信任可以通过降低信息不对称，缓解外部投资者对管理层道德风险的担忧（Pevzner et al.，2015）以及降低现金分红的压力（Qin et al.，2022）。社会信任还能够减弱代理问题，抑制管理者

机会主义行为。研究发现，较好的信任环境可以缓解民营企业的代理问题，从而降低其投资—现金流量敏感性（曹春方等，2015）；社会信任可以抑制管理者机会主义行为，降低股价崩盘风险（刘宝华等，2016；Li et al.，2017）；社会信任通过信任与互惠降低机会主义行为和"搭便车"的动机，从而提高并购绩效（王艳和李善民，2017）；社会信任会减少 IPO 抑价（Li et al.，2019），提高审计报告稳健性，降低审计费用（Chen et al.，2018；刘笑霞和李明辉，2019）；社会信任还可以通过塑造外部环境，改变市场交易主体的态度和行为或融资约束，从而提升企业创新能力或创新绩效（凌鸿程和孙怡龙，2019；顾雷雷和王鸿宇，2020）。

4.4.1　地区社会信任水平、夫妻共同持股与代际传承

家族企业传承者、继承者、其他家族成员以及非家族成员之间的相互合作对成功实现代际传承具有重要意义，其中，夫妻关系尤其重要。社会信任度较高的社会中，人们更偏好于通过合作寻求效率最大化，而不是互相猜忌导致囚徒困境式的无效率结果（Coleman，1986；潘越等，2009）。夫妻共同持股通常伴随夫妻共同参与管理及其较高的性别平等权（肖金利等，2018；许宇鹏，2020）。一方面，较高的社会信任水平更容易促使夫妻双方进行"合作"，更好地维持社会情感财富，还在促进夫妻性别平等权的同时，激发夫妻共同治理企业的动机，从而更好地发挥夫妻在治理企业中的人力资本等互补功能；另一方面，社会信任通过稳定人与人之间交往过程中的心理预期，减少信息不对称，从而降低交易成本（顾雷雷和王鸿宇，2020）。较高的社会信任水平可以进一步降低企业代理成本，并缓解了由家族控制"自我控制问题"等利他主义机制的消极作用。这些均可以提高代际传承所需的内外部治理环境，从而促进家族企业代际传承倾向。由此，提出以下研究假设。

假设1B：家族企业所处地区的社会信任水平越高，夫妻共同持股对代际传承的促进效应越强。

4.4.2　地区社会信任水平、家族超额控制与代际传承

社会信任在以下三个方面对家族超额控制与代际传承之间的关系产生影响作用。具体来说：第一，社会信任要求人们遵循大多数人的行为规范（Akerlof，1980），高度社会信任水平的地区会引导人们遵守普遍存在的"诚实守信"的价值观。家族企业所在地区的社会信任水平越高，控股家族、家族董事以及家族经理越有可能内化其诚实守信的个人品格，采取更为自律的行为，而这既可以提高家族在当地社会的声誉和社会地位，还能够维持家族对企业控制的合法性，从而降低家族企业的短视行为，增强其长期目标视野，激励代际传承动机。同时，社会信任促进的"合作"意识也可以升华家族利益与个人利益之间的关系，使家族成员及其与非家族成员之间形成更为紧密的伙伴关系，降低代理成本，创造更加健康的治理环境，从而更利于代际传承的顺利实施。第二，作为理性经济人，控股家族、家族董事以及家族经理会权衡收益—成本之间的关系以确定最优行动方案。在社会信任水平更高的地区，控股家族、家族董事以及家族经理的不当行为意味着其行为"失范"。社会信任本质上是一种社会规范，"失范"行为将受到社会制裁，从而承受较高的道德压力（李培功和沈艺峰，2011），并由此直接损害社会情感财富。因此，考虑到面临不当行为可能承担更高的事后成本，控股家族、家族董事以及家族经理会基于收益—成本权衡原则，倾向于选择避免不当行为的短视动机，由此缓解控股家族对企业的掏空行为以及利他主义机制产生的消极作用。与此同时，社会信任还会发挥利他主义机制的积极效应，在保证企业利益的前提下更好地维护社会情感财富，更好地保持家族利益与企业利益之间的合理平衡。第三，某些情形下，控股家族、家族董事以及家族经理进行短视行为在一定程度上需要得到其他利益相关者的"合谋"。当这些利益相关者处于社会信任水平较高地区时，行为规范的自律诉求与道德规范的社会制裁会降低其参与不当行为以谋求私利的动机。而且社会信任水平较高地区的"社会规范"还可能通过其与利益相关者的交互而传递到家族企

业，从而促进家族企业更好的外部治理环境和公司治理水平，由此激励家族企业代际传承的动机。由此，提出以下研究假设。

假设 2B：家族企业所处地区的社会信任水平越高，股东会家族超额控制对代际传承的抑制效应越弱。

假设 3B：家族企业所处地区的社会信任水平越高，家族超额董事席位对代际传承的促进效应越强。

假设 4B：家族企业所处地区的社会信任水平越高，家族超额经理职位对代际传承的促进效应越强。

4.5 本章小结

以代理理论、资源基础理论、社会情感财富理论以及公司治理文献为基础，本章理论演绎了家族权力配置对家族企业代际传承的影响机理以及地区市场化水平和地区信任水平的作用边界。根据理论分析论证，本书提出了 12 个研究假设，简要内容归纳如表 4-1 所示。

表 4-1 研究假设及预期关系

序号	研究假设	预期关系
1	相较于单独持股的家族企业，夫妻共同持股企业的代际传承倾向更为明显	+
2	股东会家族超额控制程度越高，家族企业代际传承的倾向越弱	-
3	家族超额董事席位程度越高，家族企业代际传承的倾向越强	+
4	家族超额经理职位程度越高，家族企业代际传承的倾向越强	+
1A	家族企业所处地区的市场化水平越高，夫妻共同持股对代际传承的促进效应越强	+
2A	家族企业所处地区的市场化水平越高，股东会家族超额控制对代际传承的抑制效应越弱	+
3A	家族企业所处地区的市场化水平越高，家族超额董事席位对代际传承的促进效应越强	+

续表

序号	研究假设	预期关系
4A	家族企业所处地区的市场化水平越高，家族超额经理职位对代际传承的促进效应越强	+
1B	家族企业所处地区的社会信任水平越高，夫妻共同持股对代际传承的促进效应越强	+
2B	家族企业所处地区的社会信任水平越高，股东会家族超额控制对代际传承的抑制效应越弱	+
3B	家族企业所处地区的社会信任水平越高，家族超额董事席位对代际传承的促进效应越强	+
4B	家族企业所处地区的社会信任水平越高，家族超额经理职位对代际传承的促进效应越强	+

资料来源：笔者根据理论分析相关内容归纳整理。

进一步，为更清晰地展示研究假设之间的逻辑关系，直观列示如图 4-1 所示。

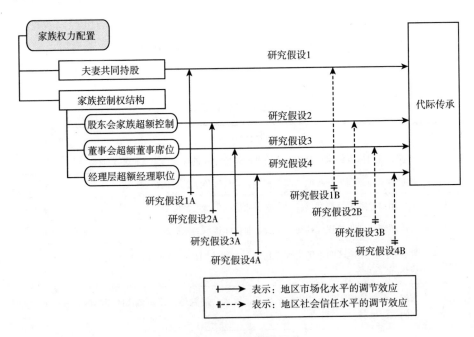

图 4-1 研究假设汇总

资料来源：笔者根据理论分析相关内容归纳整理。

第 5 章

研究设计与实证分析

5.1 研究设计

5.1.1 样本与数据

本书借鉴苏启林和朱文（2003）、谷祺等（2006）以及贺小刚等（2010）对家族企业的定义标准，将符合下述条件的上市公司视为家族企业：（1）企业的终极控制权可以追溯至自然人或家族；（2）最终控制人直接或间接持有上市公司股权，且为上市公司第一大股东；（3）至少有一名家族成员担任公司董事或高层管理人员。借此，本书选取 2008~2016 年的中国家族上市公司为研究样本，数据来源于国泰安 CSMAR 中国上市公司数据库、上海证券交易网站以及巨潮咨询网披露的年度报告、IPO 招股说明书等。除特别说明外，下述数据均取自 CSMAR 数据库。

此外，我们还执行了以下的筛选程序，力求数据准确与可靠：（1）剔除 2016 年退市公司、PT、ST 家族上市公司；（2）剔除经营异常的家族上市公司；（3）剔除金融行业上市公司；（4）对所有连续型变量作上下 1% Winsor 截尾处理以控制极端值影响；（5）为减少样本误差，进一步根据公司年报手工整理部分缺失值。据此，本书共获取 9 年 1 201 家，共计 5 533 个家族企业样本观察值。

样本的年度分布状况如表 5 - 1 所示。可以看出，样本数量分布呈逐年递增趋势，这表明，随着上市公司信息披露机制逐渐规范以及家族上市公司的逐年增多，家族企业对资本市场的影响力愈加重要。

表 5 - 1   **有效样本年度分布情况**

样本所在年度	观察值（个）	频率（%）	累计占比（%）
2008	151	2.73	2.73
2009	252	4.55	7.28
2010	357	6.45	13.73
2011	556	10.05	23.78
2012	725	13.10	36.88
2013	819	14.80	51.68
2014	845	15.27	66.95
2015	925	15.80	82.75
2016	1 054	17.25	100
合计	5 533	100	—

资料来源：笔者根据研究样本统计整理。

表 5 - 2 列示了样本的行业分布状况。可以发现，样本所处行业分布较为广泛，共涉及 17 个一级行业，其中，制造业最多，共计 4 190 个，占总体有效样本频率高达 75.73%，然后为信息传输、软件和信息技术服务业以及房地产业样本，合计 561 个，这两个行业样本分布占总样本的频率达 10.14%，上述三个行业共计样本总数为 4 751 个观察值，所占比例高达 85.87%。需要说明的是，同一行业代码观察值少于 10 个样本时，统一归入其他行业。

表 5 - 2   **有效样本行业分布情况**

序号	行业名称	观察值（个）	频率（%）	累计占比（%）
1	农、林、牧、渔业	92	1.66	1.66
2	采矿业	73	1.32	2.98
3	制造业	4 190	75.73	78.71

序号	行业名称	观察值（个）	频率（%）	累计占比（%）
4	电力、热力、燃气及水生产和供应业	31	0.56	79.27
5	建筑业	131	2.37	81.64
6	批发和零售业	173	3.13	84.77
7	交通运输、仓储和邮政业	47	0.85	85.62
8	住宿和餐饮业	14	0.25	85.87
9	信息传输、软件和信息技术服务业	302	5.46	91.33
10	房地产业	259	4.68	96.01
11	租赁和商务服务业	33	0.6	96.61
12	科学研究和技术服务业	35	0.63	97.24
13	水利、环境和公共设施管理业	41	0.74	97.98
14	卫生	19	0.34	98.32
15	文化艺术业	38	0.69	99.01
16	综合	34	0.61	99.62
17	其他	21	0.38	100
合　计		5 533	100	—

资料来源：笔者根据研究样本统计整理。

5.1.2　变量定义

5.1.2.1　被解释变量

代际传承为被解释变量，是虚拟变量，以 SUCC 表征。家族二代继承者任职于家族企业的高层管理团队，通常意味着"创一代"具有强烈的意愿会将管理权传递给二代继承者。因此，借鉴以往的研究成果（Xu et al.，2015；朱晓文和吕长江，2019；Yang et al.，2021；罗进辉等，2021），将家族二代是否在家族企业担任高层管理人员作为代际传承的代理变量，若是，赋值为1；否则，赋值为0。

5.1.2.2 解释变量

(1) 夫妻共同持股变量。借鉴以往的研究成果（肖金利等，2018），将夫妻共同持股变量定义为虚拟变量，若家族企业由夫妻双方共同持股，赋值为1，否则为0，以 Huswif 刻画。其数据系根据 CSMAR 数据库结合公司年度报告进行手工整理获取。

(2) 家族超额控制变量。主要借鉴陈德球等（2013c）、阿米特等（2015）、刘星等（2020）的研究成果，由股东会家族超额控制（终极控制权与现金流量权之两权分离度）、家族超额董事席位以及家族超额经理职位三个变量进行度量。具体而言：

第一，终极控制权与现金流量权之两权分离度体现股东会家族超额控制，以 FEO 表示，定义为终极控制权（Control_Rights）与现金流量权（CashFlow_Rights）之差。参考洛佩兹德西兰等（1999）、法乔和郎（2002）的方法计算终极控制权与现金流量权比例，其中，控制权为实际控制人与上市公司股权关系链或若干股权关系链中最弱的一层或最弱的一层的总和，即：$Control\_Rights = \sum(x_1, x_2, x_3, \cdots)$，$x_i$ 表示各个链条上控股家族最低的持股比例，现金流权（CashFlow_Rights）为实际控制人与上市公司股权关系链每层持有比例相乘或实际控制人与上市公司每条股权关系链每层持有比例相乘的总和，即家族所有权。

第二，家族超额董事席位是指家族成员担任董事会成员以实现其或家族对公司战略层等施加的影响或控制，以 FEB 表示，定义为家族董事和在家族控制链的公司中担任职务的非家族成员人数之和占董事会人数比例与家族控制权之差。

第三，家族超额经理职位反映家族成员担任经理层高管或重要岗位以实现家族对公司经营层等的影响或控制，以 FEM 表示，计算公式为：FEM = 家族管理者÷高层管理者人数 − 控制权。需要说明的是，家族董事和家族管理人员数据，是根据 CSMAR 数据库，结合 IPO 招股说明书、百度搜索引擎等，经笔者手工整理而成①。

为了更清晰地说明家族超额控制变量的计算过程，以上海柘中建设股份有限公司（上市代码：002346，以下简称"柘中建设"）为例，列示上述数据的收集和计算过程。查询该公司 2012 年度报告，其终极产权结构如图 5 – 1 所示。

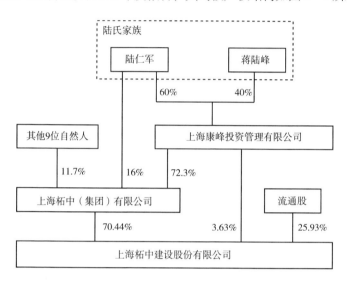

图 5 – 1 柘中建设终极产权结构

资料来源：笔者根据柘中建设 2012 年度财务报告整理。

根据年度报告披露的信息，陆仁军为实际控制人，但没有披露与蒋陆峰、陆蒿之间的关系。进一步查阅招股说明书，其详细披露了陆仁军与蒋陆峰和陆蒿之间为父子关系。根据洛佩兹德西兰等（1999）、法乔和郎（2002）对现金流量权与终极控制权的计算方法，陆氏家族的现金流量权（cash flow rights）为：16% × 70.44% + （60% + 40%）× 72.30% × 70.44% +

---

① 家族股东、家族董事以及家族管理人员信息部分依赖于手工收集。为尽量保证数据准确与完整，我们尽可能采取不同来源、多份数据比对方式。具体而言，以国泰安 CSMAR 家族企业数据库为基准，查找公司年度报告中相关内容，即家族股东、家族董事以及家族管理人员信息。根据我们的经验，对家族股东信息，以 CSMAR 家族企业数据库中控股股东信息为基础，通过与年度报告实际控制人信息比对，最终较易获取准确数据。然而，收集家族董事及家族管理人员的信息则工作量难度更大。因此，进一步根据公司年度报告与 IPO 招股说明书信息（董事或管理人员之间的亲缘关系在 IPO 招股说明书有详细披露，缺点是只有上市当年截面数据）比对获取，同时尚需借助百度、新浪财经等搜索引擎进行辅助比对。

（60% ＋ 40%）× 3.63% ＝ 65.83%；控制权（control rights）为：16% ＋ 70.44% ＋ 3.63% ＝ 90.07%，因此，股东会家族超额控制（两权分离度）为：90.07% － 65.83% ＝ 24.24%。柘中建设共有陆仁军、蒋陆峰、计吉平、管金强、仰欢贤、何耀忠、匡志平、徐根生以及赵德强 9 位董事，其中，家族董事为陆仁军和蒋陆峰 2 人，管金强担任上海柘中（集团）有限公司董事兼副总经理，仰欢贤担任上海柘中（集团）有限公司副总经理，家族董事席位控制比例为：4 ÷ 9 ＝ 44.44%，家族董事超额席位（FEB）为：44.44% － 90.07% ＝ － 45.63%。柘中建设共披露马瑜骅、何耀忠、陆蒿、傅国华、仰新贤以及郭加广 6 位高层管理者。其中，2 位管理者由董事兼任，家族管理者为财务总监陆蒿 1 人（非 CEO 或总经理）；家族经理层席位为：1 ÷ 6 ＝ 16.67%；家族超额经理职位（FEM）为：16.67% － 90.07% ＝ － 73.40%。

5.1.2.3 调节变量

（1）地区市场化水平变量。借鉴以往的研究成果（罗党论和唐清泉，2009；邓路等，2014），以樊纲市场化指数作为地区市场化水平的代理变量，表征为 Mkt，其数据来源于樊纲等（2012）各省或直辖市的市场化总指数；该市场化总指数越高，说明该地区市场化水平越高。

（2）地区社会信任水平。借鉴以往文献的做法（张茵等，2017；吕朝凤等，2019；邱保印和程博，2021），以张维迎和柯荣住（2002）利用中国跨省的信任调查数据确定国内 31 个省（区、市）的地区信任指数作为社会信任水平的代理变量，以 Trust 表示；该信任指数值越高，说明该地区信任水平越高。

5.1.2.4 控制变量

参考以往家族企业代际传承文献（Li et al.，2021；祝振铎等，2021），还对下述变量进行了控制。其中，（1）资产负债比率，以 Lev 表示，定义为总负债与总资产之比；（2）固定资产比率，以 Fix 表示，定义为固定资产净值与总资产之比；（3）企业规模，以 Size 表示，定义为销售收入取自然对数；（4）企业年龄，以 Fage 表示，定义为考察年度与上市公司成立年度之差加 1 取自然对数；（5）经营业绩，即总资产收益率，以 ROA 表示，定义为净利润与总资产之比；（6）经营费用比率（Expns），定义为销售费用、管理费用之和与销售收入之比；（7）流动比率（Cur），定义为流动资产与流动负债之比；（8）权益比率（Own），定义为负债与所有者权益之比；（9）风险承担水平，以 Risk 表示，定义为分析师预测的每股收益标准差；（10）两职合一（Dual），虚拟变量，董事长和总经理为同一人时，赋值为1，否则为 0。此外，还控制了公司固定效应。

主要研究变量的定义如表 5 - 3 所示。

表 5 - 3　　　　　　　　　　　主要研究变量说明

类型	变量名称	变量代码	定义及测量
被解释变量	代际传承	SUCC	虚拟变量，若家族二代在家族企业担任高层管理人员，赋值为 1，否则为 0
解释变量	家族权力配置	Huswif	夫妻共同持股：虚拟变量，若家族企业由夫妻共同持股，赋值为 1，否则为 0
		FEO	股东会家族超额控制：终极控制权与现金流量权之差
		FEB	家族超额董事席位：家族董事和在家族控制链的公司中担任职务的非家族成员人数之和占董事会人数比例与控制权之差
		FEM	家族超额经理职位：家族管理者占高层管理者人数的比例与控制权之差
调节变量	地区市场化水平	Mkt	樊纲市场化总指数（樊纲等，2012）
	地区社会信任水平	Trust	中国跨省的信任调查数据（张维迎和柯荣住，2002）
控制变量	资产负债率	Lev	负债/总资产
	固定资产比率	Fix	固定资产净值/总资产
	企业规模	Size	销售收入取自然对数
	企业年龄	Fage	考察年度与上市公司成立年度之差加 1 取自然对数
	经营业绩	ROA	净利润/总资产
	经营费用比率	Expns	销售费用、管理费用之和与销售收入之比
	流动比率	Cur	流动资产与流动负债之比
	权益比率	Own	负债与所有者权益之比
	风险承担水平	Risk	分析师预测的每股收益标准差
	两职合一	Dual	董事长和总经理为同一人时，赋值为 1，否则为 0

资料来源：笔者根据变量定义整理。

5.2　描述性统计分析与相关性分析

5.2.1　描述性统计分析

表 5 - 4 报告了主要变量的描述性统计特征。容易发现，代际传承代理变量（SUCC）均值为 0.209，标准差为 0.406，表明截至 2016 年底，约 20.9% 的家族上市公司处于代际传承时期，也从侧面印证了未来 5~10 年家族企业处于代际传承高峰期的预期（王扬眉等，2021）。

表 5 - 4　　　　　主要研究变量描述性统计特征

序号	样本数	变量	平均数	标准差	最小值	最大值	p50
1	5 533	SUCC	0.209	0.406	0.000	1.000	0.000
2	5 533	Huswif	0.262	0.440	0.000	1.000	0.000
3	5 533	FEO	0.534	3.110	-3.000	23.290	0.000
4	5 533	FEB	-20.700	16.460	-60.460	18.370	-20.640
5	5 533	FEM	-27.250	19.430	-71.770	22.740	-27.100
6	5 533	Mkt	9.744	1.842	4.980	11.800	10.420
7	5 533	Trust	6.371	6.261	0.100	22.700	3.500
8	5 533	Lev	0.379	0.207	0.040	0.940	0.360
9	5 533	Fix	0.199	0.134	0.002	0.568	0.177
10	5 533	Size	20.860	1.190	17.850	23.940	20.830
11	5 533	Fage	14.950	5.445	4.000	28.000	15.000
12	5 533	ROA	0.051	0.055	-0.144	0.234	0.047
13	5 533	Expns	0.570	2.225	0.010	21.040	0.175
14	5 533	Cur	2.381	2.299	0.095	16.710	1.958
15	5 533	Own	0.887	0.870	0.014	5.707	0.781
16	5 533	Risk	0.263	0.184	0.015	1.132	0.257
17	5 533	Dual	0.368	0.482	0.000	1.000	0.000

资料来源：笔者根据研究样本统计整理。

　　解释变量中，夫妻共同持股代理变量（Huswif）均值为 0.262，标准差为 0.440，说明截至 2016 年底，约 26.2% 的家族上市公司为夫妻共同持有，这与中国儒家文化占主导下男性地位更高的制度特征相联系；股东会家族超额控制代理变量（FEO）均值为 0.530，标准差为 3.110，最小值为 −3.000，最大值为 23.290，表明样本分布表现为较大的差异性，其中位数是 0.000，小于均值，意味着样本呈右偏分布；家族超额董事席位代理变量（FEB）均值为 −20.700，标准差为 16.460，最小值为 −60.460，最大值为 18.370，表明样本分布表现为较大的差异性，其中位数是 −20.640，与均值大致一致，意味着样本大致呈正态分布；家族超额经理职位代理变量（FEM）均值为 −27.250，标准差为 19.430，最小值为 −71.770，最大值为 22.740，表明样本分布表现为较大的差异性，其中位数是 −27.100，与均值大致相等，意味着样本大致呈正态分布。

　　调节变量中，地区市场化水平代理变量（Mkt）均值为 9.744，标准差为 1.842，最小值为 4.980，最大值为 11.800，表明样本分布呈现一定的差异性，但在总体上随市场化进程改革，各地区的差异逐步缩小，其中位数是 10.420，略大于均值，意味着样本略呈左偏分布；地区社会信任水平代理变量（Trust）均值为 6.371，标准差为 6.261，最小值为 0.100，最大值为 22.700，这说明各地区社会信任水平具有较大的差异性，其中位数是 3.500，小于均值，意味着样本呈右偏分布。

　　控制变量中，资产负债比率代理变量（Lev）均值为 0.379，标准差为 0.207，意味着家族企业平均的负债率为 37.9%，这与家族企业维持较低的负债率的理论预期是一致的，其最小值为 0.040，最大值为 0.940，表明样本分布表现为较大的差异性，其中位数是 0.360，与均值大致相等，意味着样本大致呈正态分布；固定资产比率代理变量（Fix）均值为 0.199，标准差为 0.134，最小值为 0.002，最大值为 0.568，表明样本分布表现为较大的差异性，其中位数是 0.177，略小于均值，意味着样本略偏右分布；企业规模代理变量（Size）均值为 20.860，标准差为 1.190，最小值为 17.850，最大值为 23.940，表明样本分布表现为较大的差异性，其中位数是 20.830，与均值大致相等，意味着样本大致呈正态分布；企业年龄代理变量（Fage）均值为 14.950，标准差为 5.445，最小值为 4，最大值为 28，表明样本分布表现为较大的差异性，其中位数是 15.000，与均值大致相等，与均值大致相等，意味着样本大致呈正态分布；经营业绩代理变量（ROA）均值为 0.051，标准差为 0.055，最小值为 -0.144，最大值为 0.234，表明样本分布表现为较大的差异性，其中位数是 0.047，与均值大致相等，意味着样本大致呈正态分布；经营费用比率代理变量（Expns）均值为 0.570，标准差为 2.225，最小值为 0.010，最大值为 21.040，表明样本分布表现为较大的差异性，其中位数是 0.175，小于均值，意味着样本偏右分布；流动比率代理变量（Cur）均值为 2.381，标准差为 2.299，最小值为 0.095，最大值为 16.710，表明样本分布表现为较大的差异性，其中位数是 1.958，小于均值，意味着样本偏右分布；权益比率代理变量（Own）均值为 0.887，标准差为 0.870，最小值为 0.014，最大值为 5.707，表明样本分布表现为较大的差异性，其中位数是 0.781，与均值大致相等，小于均值，意味着样本偏右分布；风险承担水平代理变量（Risk）均值为 0.263，标准差为 0.184，最小值为 0.015，最大值为 1.132，表明样本分布表现为较大的差异性，其中位数是 0.257，与均值大致相等，意味着样本大致呈正态分布；两职合一代理变量（Dual）均值为 0.368，标准差为 0.482，表明截至 2016 年底，约 36.8% 的家族上市公司董事长和总经理为同一人。

为进一步更细致地刻画家族超额控制的年度变化特征，根据样本统计了家族现金流量权（Cashflow_Rights）、家族控制权（Control_Rights）以及股东会家族超额控制（FEO）、家族超额董事席位（FEB）以及家族超额经理职位（FEM）的年度均值分布趋势。表 5 - 5 的均值统计特征分析显示：现金流量权（Cashflow_Rights）年度分布较为均衡，家族所有权维持在 38% 左右；家族控制权（Control_Rights）从 2012 年开始呈递减趋势，但自 2014 年以来保持 42% 左右的控制权比例，该数值可能是维持家族对企业控制的一个临界值；股东会家族超额控制（FEO）呈递减趋势，这可能意味着，随着信息披露制度等完善，家族利用金字塔结构控股企业的状况获得了一定程度的改善；与此同时，族超额董事席位（FEB）、家族超额经理职位（FEM）的年度均值基本呈逐年递增趋势，这可能说明了家族增强了对董事会、高层管理者的家族导向制度安排，旨在加强家族对企业的控制。

表 5 - 5　　　　　　　家族超额控制的年度均值统计特征

变量	2008 年	2009 年	2010 年	2011 年	2012 年	2013 年	2014 年	2015 年	2016 年
CashFlow_Rights	34.694	36.008	38.907	40.440	39.740	38.716	37.497	37.809	37.976
Control_Rights	41.707	41.749	43.740	44.942	44.034	42.926	41.527	41.606	41.779
FEO	0.925	0.919	0.645	0.502	0.437	0.486	0.525	0.397	0.365
FEB	-22.730	-21.990	-21.917	-21.950	-20.842	-20.006	-19.411	-19.866	-19.789
FEM	-29.325	-27.601	-28.391	-28.243	-27.222	-26.768	-26.515	-26.384	-26.556

资料来源：笔者根据研究样本统计整理。

5.2.2　相关性分析

表 5 - 6 报告了主要研究变量的相关性分析。相关系数矩阵显示，家族企业代际传承代理变量 SUCC 与夫妻共同持股代理变量 Huswif 的相关系数为 0.113，在 1% 统计水平上显著，说明 SUCC 与 Huswif 具有显著的正相关性；SUCC 与股东会家族超额控制代理变量 FEO 的相关系数为 0.006，未在 10% 统计水平上显著，还需进一步回归分析验证两者间的相关性；SUCC 与家族超额董事席位代理变量 FEB 的相关系数为 0.033，在 5% 统计水平上显著，初步验证了家族超额董事席位与代际传承的正相关性，当然还需要更为严谨的回归分析以论证其真实因果关系；SUCC 与家族超额经理职位代理变量 FEM 的相关系数为 0.022，未在 10% 统计水平上显著，体现了两者之间一定的正相关性；SUCC 与地区市场化水平代理变量 Mkt 的相关系数为 0.032，在 5% 统计水平上显著，两者之间表现为显著的正相关性，真实因果关系还待进一步的回归检验；SUCC 与地区社会信任水平代理变量 Trust 的相关系数为 0.056，在 1% 统计水平上显著，两者之间表现为显著的正相关性。其他变量的相关性描述不一而足。

表 5 - 6 主要研究表量 Person 相关系数矩阵

序号	变量	1	2	3	4	5	6	7	8	9	10	11	12	13	14	15	16
1	SUCC	1.000															
2	Huswif	0.113***	1.000														
3	FEO	0.006	-0.083***	1.000													
4	FEB	0.033**	-0.088***	-0.007	1.000												
5	FEM	0.022	-0.077***	-0.043***	0.735***	1.000											
6	Mkt	0.032**	0.076***	0.046***	-0.058***	-0.030*	1.000										
7	Trust	0.056***	0.027**	-0.002	-0.028**	-0.015	0.442***	1.000									
8	Lev	0.034**	-0.148***	0.035***	-0.012	-0.070***	-0.067***	-0.085***	1.000								
9	Fix	0.085***	0.002	0.035***	0.078***	0.083***	-0.054***	-0.178***	0.023*	1.000							
10	Size	0.044***	-0.066***	0.132***	-0.120***	-0.157***	0.070***	-0.077***	0.423***	0.059***	1.000						
11	Fage	0.065***	-0.021	-0.032**	0.069***	0.023*	-0.083***	-0.003	0.191***	-0.012	0.078***	1.000					
12	ROA	0.010	0.029**	0.021	-0.116***	-0.089***	0.039***	0.028**	-0.298***	-0.128***	0.116***	-0.075***	1.000				
13	Expns	0.012	-0.064***	0.018	0.013	-0.010	-0.050***	0.030**	0.058***	-0.068***	-0.055***	0.140***	-0.017	1.000			
14	Cur	-0.036**	0.077***	-0.023*	-0.043***	0.000	0.028**	0.071***	-0.509***	-0.151***	-0.260***	-0.116***	0.172***	-0.027**	1.000		
15	Own	0.009	-0.114***	0.015	-0.052***	-0.083***	-0.053***	-0.049***	0.675***	-0.080***	0.300***	0.150***	-0.205***	0.012	-0.385***	1.000	
16	Risk	-0.049***	0.029**	-0.007	-0.091***	-0.062***	0.043***	0.061***	-0.024**	-0.087***	0.083***	-0.125***	0.223***	-0.040***	0.057***	0.009	1.000
17	Dual	-0.059***	0.074***	-0.029**	0.004	0.292***	0.031**	0.035**	-0.096***	0.005	-0.112***	-0.086***	-0.014	-0.044***	0.066***	-0.068***	0.052***

注：***、**、* 分别表示在1%、5%、10%显著性水平上显著。

除 FEB 与 FEM 的相关系数为 0.735 外，其他所有变量之间的相关系数绝对值均在 0.442 以内，而且方差膨胀因子检验发现，方差膨胀因子 VIF 值均在 2.69 以内，远小于 10，因此，可以排除变量之间存在严重的共线性问题。

5.3　回归分析

研究样本是 2008 ~ 2016 年 9 年的非平衡面板数据。根据已有研究（Wooldridge，2010），采用以下程序进行分析：首先，用 Breusch-Pagan Lagrange Multiplier 检验来确定回归分析是采用面板数据方法还是混合最小二乘方法。一般而言，当数据包含同一个单元（如企业）随时间变化的重复观察值，并且这些重复的观察值相关时，应该使用面板数据；当数据同时具备横截面和时间序列特征但没有组内自相关时，应该使用混合最小二乘方法。检验结果表明，数据存在不可观测的个体效应（p < 0.001）。因此，本书采用面板数据方法，以处理不可观测的个体效应。其次，对于面板数据方法，还需选择是固定效应模型还是随机效应模型。Hausman 检验结果表明，解释变量与不可观测效应显著相关（p < 0.001），因而应该采用固定效应。

5.3.1　夫妻共同持股与代际传承的检验

5.3.1.1　基准回归分析

为了验证研究假设 1，设立以下待检验模型：

$$\text{Probit:} SUCC_{i,t} = \alpha + \beta_1 Huswif_{i,t} + \beta_i \sum_{t=2}^{n} Control_{i,t} + u_{i,t} + \varepsilon_{i,t} \quad (5-1)$$

其中，SUCC 为代际传承的代理变量；Huswif 为夫妻共同持股的代理变量；Control 为控制变量；$u_{i,t}$ 为公司固定效应；$\varepsilon_{i,t}$ 为残差项，其余变量定义与前面一致，不再赘述。根据研究假设 1 的理论预期，模型的回归系数 β_1 应该是显著为正。

表 5 – 7 列（1）报告了夫妻共同持股（Huswif）与代际传承（SUCC）的回归结果。容易发现，夫妻共同持股的代理变量与代际传承的代理变量回归系数为 0.373，在 1% 统计水平上显著，这说明，夫妻共同持股的概率越高，家族企业发生代际传承的倾向越明显，回归结果初步支持了研究假设 1。

表 5 – 7 　　　　　　　　　　夫妻共同持股与代际传承的回归结果

变量	（1） SUCC	（2） 第一阶段：Huswif	（3） 第二阶段：SUCC
Lev	0.004 (0.025)	– 0.184 *** （– 3.883）	– 0.151 （– 0.877）
Fixedassets	0.873 *** (5.921)	0.022 (0.468)	0.820 *** (5.291)
Size	0.034 * (1.786)	– 0.015 ** （– 2.441）	0.022 (1.163)
Fage	0.017 *** (4.415)	– 0.001 （– 0.503）	0.017 *** (4.665)
ROA	0.808 ** (2.031)	– 0.026 （– 0.208）	0.571 (1.402)
Expns	– 0.000 （– 0.041）	– 0.011 *** （– 3.928）	– 0.011 （– 1.185）
Cur	– 0.005 （– 0.440）	0.001 (0.318)	– 0.003 （– 0.338）
Own	– 0.021 （– 0.682）	– 0.015 （– 1.592）	– 0.043 （– 1.411）
Risk	– 0.336 *** （– 2.926）	0.076 ** (2.244)	– 0.241 ** （– 2.034）
Dual	– 0.128 *** （– 3.096）	0.044 *** (3.502)	– 0.097 ** （– 2.011）
Huswif	**0.373 *** (7.733)**		**– 1.233 *** （– 3.933）**

变量	（1） SUCC	（2） 第一阶段：Huswif	（3） 第二阶段：SUCC
IV_Huswif		**－0.001** ** （－2.018）**	
Firm fixed effect	Yes	Yes	Yes
Constant	0.373 *** （7.733）	－56.175 *** （－7.639）	－0.938 （－0.257）
Obs	5 533	5 533	5 533

注：表中数据为各自变量的回归系数，括弧内数值为 t 值；***、**、* 分别表示在 1%、5%、10% 显著性水平上显著。

5.3.1.2　内生性检验

夫妻共同持股与家族企业代际传承之间可能存在内生性问题。既可能是基于家族企业代际传承之需，夫妻双方才共同持有股份，从而导致因果倒置，也可能是遗漏变量或样本选择性偏误而导致内生性问题。本书采取两种方法进行了内生性处理。第一，以地区离婚率作为夫妻共同持股外生变量的工具变量法。一般来说，地区离婚率反映该地区的家庭结构稳定状况，更高的离婚率通常反映了夫妻地位更加不平等，因而夫妻共同持股的概率更低，同时离婚率不大可能直接影响家族企业代际传承，因而利用离婚率作为夫妻共同持股的工具变量是比较合适的。在第一阶段，本书用内生性变量（Huswif）对工具变量和基本方程中的控制变量进行回归，得到内生性变量的预测变量。在第二阶段，用 SUCC 对夫妻共同持股代理变量的预测变量进行回归。第一阶段回归显示 F 值超过临界值，证实工具变量有效（Stock and Yogo，2005）。表 5－7 中列（2）、列（3）报告了两阶段工具变量的回归结果。容易发现，家族企业代际传承与夫妻共同持股的代理变量 Huswif 显著相关性（$\beta_1 = -0.001$，$p_1 < 0.05$；$\beta_2 = -1.233$，$p_2 < 0.01$），该回归结果与前面实证结果完全一致，证明了本书研究假设 1 结论的稳健性。

第二，借鉴罗进辉等（2021）的研究成果，采用倾向得分匹配法（propensity score matching，PSM）做内生性处理以缓解样本选择性偏误。具体来说，首先，将2008~2016年期间发生代际传承的家族企业视为倾向匹配的处理组，将该期间没有发生代际传承的家族企业当作对照组；其次，以SUCC为因变量，使用probit模型估计各样本的倾向得分，其中，自变量为模型（5-1）的控制变量；再其次，按最近相邻匹配方法根据1∶2、1∶3、1∶4的分配比例分别对实验组和控制组作匹配，以此得到匹配后的新样本；最后，以该新样本重新对模型（5-1）作回归分析。表5-8报告了回归结果。列（1）、列（2）、列（3）分别是按1∶2、1∶3、1∶4进行匹配后的回归结果。从中可以看出，夫妻共同持股（Huswif）的回归系数均为正值，且均在1%统计水平上显著，回归结果均支持了研究假设1。以上回归结果表明使用PSM倾向得分匹配法以缓解样本选择性偏误后，研究假设1的研究结论仍然是成立的。

表5-8　　　　代际传承与家族企业代际传承的回归结果：PSM 匹配

变量	(1) 1∶2 匹配	(2) 1∶3 匹配	(3) 1∶4 匹配
Lev	-0.212 (-1.111)	-0.170 (-0.971)	-0.166 (-0.997)
Fixedassets	0.362 ** (1.986)	0.406 ** (2.395)	0.458 *** (2.827)
Size	0.022 (0.908)	0.029 (1.321)	0.029 (1.380)
Fage	0.006 (1.167)	0.005 (1.178)	0.007 (1.604)
ROA	-0.194 (-0.385)	-0.065 (-0.139)	0.044 (0.099)
Expns	0.004 (0.377)	0.001 (0.097)	0.002 (0.198)
Cur	-0.003 (-0.228)	0.002 (0.192)	0.001 (0.120)

变量	（1） 1:2 匹配	（2） 1:3 匹配	（3） 1:4 匹配
Own	−0.014 （−0.351）	−0.011 （−0.305）	−0.009 （−0.276）
Risk	−0.010 （−0.069）	−0.085 （−0.608）	−0.138 （−1.040）
Dual	0.022 （0.425）	0.010 （0.195）	−0.016 （−0.335）
Huswif	0.429*** （7.190）	0.424*** （7.614）	0.406*** （7.581）
Firm fixed effect	Yes	Yes	Yes
Constant	53.402** （2.059）	40.027* （1.659）	39.339* （1.708）
Obs	2 807	3 382	3 840

注：表中数据为各自变量的回归系数，括弧内数值为 t 值；***、**、* 分别表示在 1%、5%、10% 显著性水平上显著。

5.3.1.3　机制检验

前面理论推演认为，夫妻共同持股可以抑制代理问题，从而为家族企业代际传承提供良好的公司治理环境。为了进一步检验夫妻共同持股促进家族企业代际传承的中间机制，分别从管理费用率和大股东掏空两个维度来考察夫妻共同持股对企业双重代理成本的治理作用。对此，设立以下待检验模型：

$$AC/Rel\_trans_{i,t} = \alpha + \beta_1 Huswif_{i,t} + \beta_i \sum_{t=2}^{n} Control_{i,t} + u_{i,t} + \varepsilon_{i,t} \quad （5-2）$$

其中，AC 代表管理者代理成本，以管理费用率表征，定义为管理费用与总资产之比，并作行业中位数调整。Rel_trans 表示大股东掏空行为，借鉴侯青川等（2017）的研究成果，定义为年度关联交易总和（剔除合作项目、许可协议、研究与开发成果、关键管理人员报酬、其他事项五类交易类别）与期初总资产之比，并经行业中位数调整，$u_{i,t}$ 表示公司固定效应，$\varepsilon_{i,t}$ 为残差项，其余变量含义与前面一致，不再赘述。

表 5 - 9 是对模型（5 - 2）的回归检验结果，即夫妻共同持股（Huswif）如何影响两类代理成本（AC、Rel_trans）的回归结果。可以发现，夫妻共同持股（Huswif）的回归系数分别为 - 0.001（$p < 0.05$）、- 6.185（$p < 0.05$），均在 5% 统计水平上显著，表明夫妻共同持股可以显著抑制两类代理成本。由此验证了研究假设 1 的理论逻辑。

表 5 - 9 　　　　　　　　夫妻共同持股与代理成本的回归结果

变量	(1) AC	(2) Rel_trans
Lev	0.001 *** (3.817)	54.703 *** (4.421)
Fixedassets	0.000 ** (2.423)	- 10.645 (- 0.660)
Size	- 0.000 *** (- 3.522)	1.636 (0.564)
Fage	- 0.000 (- 0.052)	- 0.455 (- 0.078)
ROA	- 0.000 (- 0.736)	25.282 (0.867)
Expns	+9 - 0.000 (- 1.063)	0.363 (0.559)
Cur	- 0.000 (- 0.949)	0.642 (0.921)
Own	- 0.000 (- 0.941)	1.488 (0.791)
Risk	- 0.000 (- 0.138)	12.796 * (1.723)
Dual	0.000 *** (3.192)	9.597 ** (2.480)

续表

变量	(1) AC	(2) Rel_trans
Huswif	− 0.001 ** (− 2.561)	− 6.185 ** (1.920)
Firm fixed effect	Yes	Yes
Constant	− 1.001 ** (− 2.561)	− 6.185 ** (1.920)
Obs	5 533	5 533

注：表中数据为各自变量的回归系数，括弧内数值为 t 值；***、**、* 分别表示在1%、5%、10%显著性水平上显著。

5.3.1.4　稳健性检验

为进一步提高研究结论的稳健性，本书还进行了以下的稳健性检验：第一，对解释变量、控制变量做滞后一期处理，以缓解内生性问题。表5 – 10的列（1）报告了解释变量、控制变量滞后一期后对模型（5 – 1）的回归结果。很显然，夫妻共同持股（Huswif）与代际传承（SUCC）的回归系数为0.394，在1%统计水平上显著，研究假设1依然获得了回归结果支持。

表5 – 10　　　　　夫妻共同持股与代际传承的回归结果：
滞后一期和因变量替代

变量	(1) SUCC	变量	(2) SUCC_SON
Lev_{t-1}	0.367 * (1.951)	Lev	− 0.143 (− 0.863)
$Fixedassets_{t-1}$	0.852 *** (5.026)	Fixedassets	0.734 *** (4.602)
$Size_{t-1}$	0.034 (1.527)	Size	0.069 *** (3.316)
$Fage_{t-1}$	0.014 *** (3.074)	Fage	0.017 *** (4.075)

续表

变量	(1) SUCC	变量	(2) SUCC_SON
ROA_{t-1}	1.486 *** (3.284)	ROA	0.203 (0.467)
$Expns_{t-1}$	0.002 (0.168)	Expns	−0.002 (−0.234)
Cur_{t-1}	0.012 (1.152)	Cur	−0.012 (−1.031)
Own_{t-1}	−0.068 * (−1.893)	Own	0.002 (0.076)
$Risk_{t-1}$	−0.468 *** (−3.549)	Risk	−0.242 * (−1.941)
$Dual_{t-1}$	−0.094 ** (−2.009)	Dual	−0.089 ** (−1.979)
$Huswif_{t-1}$	0.394 *** (7.070)	Huswif	0.396 *** (7.308)
Firm fixed effect	Yes	Firm fixed effect	Yes
Constant	23.349 (0.893)	Constant	47.380 ** (2.132)
Obs	4 279	Obs	5 533

注：表中数据为各自变量的回归系数，括弧内数值为 t 值；*** 、 ** 、 * 分别表示在 1%、5%、10% 显著性水平上显著。

第二，替代代际传承代理变量。中国特定文化情景下，"子承父业"的传承模式历来受到重视（陈凌和应丽芬，2003；祝振铎等，2018；祝振铎等，2021），也是当前家族企业代际传承的一种普遍模式（陈凌和应丽芬，2003），因此，本书以"创一代"儿子是否参与家族企业管理为标准，重新定义代际传承变量，以 SUCC_SON 表征。表 5-10 的列（2）显示了对模型（5-1）再次分析的回归结果。很显然，夫妻共同持股（Huswif）的回归系数为正，在 1% 统计水平上显著，回归结果依然支持研究假设 1。

第三，根据已有文献，以家族所有权 5% （Villalonga and Amit，2006）、10%（Maury，2006）和 20%（López De Silanes et al.，1999）作为定义家族企业样本的不同临界值，对研究假设 1 做敏感性测试。表 5 – 11 回归结果显示，不同的家族所有权界定家族企业标准下，夫妻共同持股（Huswif）与代际传承（SUCC）的回归结果均正相关，且均在 1% 统计水平上显著，这说明研究假设 1 的研究结论是稳健的。

表 5 – 11　　　　夫妻共同持股与代际传承的回归结果：敏感性测试

变量	(1) 家族所有权 >5%	(2) 家族所有权 >10%	(3) 家族所有权 >20%
Lev	−0.019 (−0.126)	−0.033 (−0.211)	0.040 (0.237)
Fixedassets	0.876 *** (5.896)	0.931 *** (6.162)	0.787 *** (4.786)
Size	0.037 * (1.910)	0.045 ** (2.261)	0.008 (0.351)
Fage	0.017 *** (4.380)	0.017 *** (4.344)	0.016 *** (3.768)
ROA	0.749 * (1.856)	0.842 ** (2.050)	0.328 (0.730)
Expns	−0.001 (−0.120)	0.001 (0.064)	0.002 (0.248)
Cur	−0.004 (−0.402)	−0.004 (−0.405)	−0.004 (−0.398)
Own	−0.015 (−0.494)	−0.013 (−0.421)	−0.003 (−0.089)
Risk	−0.337 *** (−2.933)	−0.337 *** (−2.898)	−0.311 ** (−2.525)
Dual	−0.129 *** (−3.124)	−0.141 *** (−3.367)	−0.136 *** (−3.044)

续表

变量	(1) 家族所有权 >5%	(2) 家族所有权 >10%	(3) 家族所有权 >20%
Huswif	0.373 *** (7.733)	0.363 *** (7.488)	0.291 *** (5.827)
Firm fixed effect	Yes	Yes	Yes
Constant	40.247 * (1.950)	52.855 ** (2.502)	47.389 ** (2.067)
Obs	5 499	5 359	4 763

注：表中数据为各自变量的回归系数，括弧内数值为 t 值；*** 、** 、* 分别表示在 1% 、5% 、10% 显著性水平上显著。

5.3.2　家族超额控制与代际传承的回归检验

5.3.2.1　基准回归分析

为了检验研究假设 2、研究假设 3、研究假设 4，建立以下待检验模型：

$$Probit: SUCC_{i,t} = \alpha + \beta_1 Family\_Excess_{i,t} + \beta_i \sum_{t=2}^{n} Control_{i,t} + u_{i,t} + \varepsilon_{i,t}$$

$$(5-3)$$

其中，SUCC 为代际传承的代理变量；Family_Excess 为家族超额控制，分别以三个变量衡量，即股东会家族超额控制（FEO）、家族超额董事席位（FEB）以及家族超额经理职位（FEM）；Control 为控制变量；$u_{i,t}$ 为公司固定效应；$\varepsilon_{i,t}$ 为残差项，其余变量定义与前面一致，不再赘述。

表 5 - 12 报告了家族超额控制（FEO、FEB、FEM）与代际传承（SUCC）的回归结果，列（1）、列（2）、列（3）分别对应股东会家族超额控制（FEO）、家族超额董事席位（FEB）以及家族超额经理职位（FEM）的回归结果。可以发现，列（1）股东会家族超额控制（FEO）的回归系数

为 -0.019，在 1% 统计水平上显著，说明了股东会家族超额控制程度越高，家族企业发生代际传承的概率越低，支持了研究假设 2；列（2）家族超额董事席位（FEB）的回归系数为 0.002，在 5% 统计水平上显著，意味着家族超额董事席位配置越高，家族企业发生代际传承的概率越高，支持了研究假设 3；类似地，家族超额经理职位（FEM）的回归结果（β = 0.003，p < 0.05）也支持了研究假设 4，即，较高的家族超额经理职位促进了家族企业代际传承倾向。因此，研究假设 2、研究假设 3、研究假设 4 均获得了基准回归结果的支持。

表 5 - 12　　　　　　　　　　家族超额控制与代际传承的回归结果

变量	（1）	（2）	（3）
Lev	0.075 (0.499)	0.062 (0.411)	0.068 (0.454)
Fixedassets	0.839 *** (5.700)	0.840 *** (5.715)	0.829 *** (5.635)
Size	0.042 ** (2.179)	0.043 ** (2.241)	0.044 ** (2.299)
Fage	0.018 *** (4.543)	0.017 *** (4.404)	0.017 *** (4.382)
ROA	0.800 ** (2.006)	0.854 ** (2.146)	0.857 ** (2.157)
Expns	0.002 (0.176)	0.003 (0.369)	0.003 (0.395)
Cur	- 0.006 (-0.589)	- 0.004 (-0.407)	- 0.004 (-0.402)
Own	- 0.016 (-0.516)	- 0.013 (-0.415)	- 0.012 (-0.409)
Risk	- 0.393 *** (-3.411)	- 0.352 *** (-3.074)	- 0.351 *** (-3.070)
Dual	- 0.144 *** (-3.493)	- 0.140 *** (-3.399)	- 0.171 *** (-3.984)

续表

变量	(1)	(2)	(3)
FEO	-0.019 *** (-2.663)		
FEB		0.002 ** (2.043)	
FEM			0.003 *** (2.585)
Firm fixed effect	Yes	Yes	Yes
Constant	62.829 *** (3.067)	60.705 *** (2.979)	59.906 *** (2.943)
Obs	5 533	5 533	5 533

注：表中数据为各自变量的回归系数，括弧内数值为 t 值；*** 、** 、* 分别表示在 1% 、5% 、10% 显著性水平上显著。

5.3.2.2 内生性检验

不同层次家族超额控制与家族企业代际传承之间可能存在内生性问题。可能是因果倒置，或者可能存在无法直接观察或无法控制的一些潜在变量影响本书研究结论。完全地解决内生性问题异常困难，然而本书仍然试图解决这个问题。

主要采取两种方法：第一，采用工具变量法进行内生性检验。具体而言，本书借鉴莱文和列文及林等（Laeven and Levine, 2009; Lin et al. , 2012）以及陈德球等（2013c）的 2SLS 工具变量法，以行业平均的控制权结构特征变量作为不同层次家族超额控制的工具变量。本书认为，行业控制权结构的平均值与家族超额控制具有相关性，但不太可能直接影响家族企业代际传承倾向。

在第一阶段，用内生性变量（FEO、FEB 及 FEM）对工具变量和基本方程中的控制变量进行回归，得到内生性变量的预测变量。在第二阶段，用 SUCC 对不同层次家族超额控制代理变量的预测变量进行回归。第一阶段回归显示 F 值超过临界值，证实工具变量的有效性（Stock and Yogo, 2005）。表 5 - 13 报告了家族超额控制的三个工具变量的两阶段回归结果。回归结果显示，家族企业代际传承的代理变量 SUCC 与股东会家族超额控制的代理变量 FEO 具有显著的相关性（$\beta_1 = 0.929$，$p_1 < 0.01$；$\beta_2 = -0.080$，$p_2 < 0.10$），SUCC 与家族超额董事席位的代理变量 FEB 显著正相关（$\beta_1 = 0.996$，$p_1 < 0.01$；$\beta_2 = 0.006$，$p_2 < 0.05$），SUCC 与家族超额经理职位的代理变量 FEM 显著正相关（$\beta_1 = 0.091$，$p_1 < 0.01$；$\beta_2 = 0.007$，$p_2 < 0.05$）。这些回归结果说明了以家族超额控制的行业均值作为家族超额控制的工具变量进行的内生性检验证实了研究假设 2、研究假设 3 以及研究假设 4，这说明研究假设 2、研究假设 3、研究假设 4 通过了内生性检验。

表 5 - 13　　　　　家族超额控制与代际传承：工具变量法

变量	第一阶段 FEO (1)	第二阶段 SUCC (2)	第一阶段 FEB (3)	第二阶段 SUCC (4)	第一阶段 FEM (5)	第二阶段 SUCC (6)
Lev	-0.425 (-1.328)	0.099 (0.667)	4.546*** (2.738)	0.081 (0.541)	3.239* (1.715)	0.064 (0.430)
Fixedassets	0.222 (0.691)	0.782*** (5.033)	1.516 (0.898)	0.895*** (5.977)	1.716 (0.885)	0.918*** (6.113)
Size	0.396*** (9.591)	0.004 (0.139)	-1.658*** (-7.764)	0.028 (1.274)	-1.917*** (-7.926)	0.024 (1.095)
Fage	-0.018** (-2.144)	0.019*** (4.889)	0.166*** (3.820)	0.018*** (4.627)	0.242*** (4.905)	0.019*** (4.739)
ROA	-0.374 (-0.442)	0.803** (2.056)	-22.672*** (-5.173)	0.669 (1.604)	-21.128*** (-4.253)	0.662 (1.624)
Expns	0.051*** (2.696)	-0.001 (-0.063)	-0.027 (-0.277)	0.003 (0.379)	0.003 (0.031)	0.003 (0.347)
Cur	0.007 (0.335)	-0.006 (-0.559)	-0.367*** (-3.355)	-0.008 (-0.722)	-0.343*** (-2.772)	-0.008 (-0.763)
Own	-0.026 (-0.396)	-0.013 (-0.418)	-0.784** (-2.325)	-0.024 (-0.777)	-0.547 (-1.432)	-0.025 (-0.803)
Risk	-0.303 (-1.306)	-0.320*** (-2.762)	-4.119*** (-3.432)	-0.378*** (-3.290)	-4.454*** (-3.275)	-0.382*** (-3.355)

续表

变量	第一阶段 FEO (1)	第二阶段 SUCC (2)	第一阶段 FEB (3)	第二阶段 SUCC (4)	第一阶段 FEM (5)	第二阶段 SUCC (6)
Dual	−0.073 (−0.847)	−0.130*** (−3.143)	−0.421 (−0.942)	−0.140*** (−3.408)	10.828*** (21.377)	−0.055 (−0.775)
IV_FEO	0.929*** (9.241)					
FEO		−0.080* (−1.785)				
IV_FEB			0.996*** (15.322)			
FEB				0.006** (2.017)		
IV_FEM					0.942*** (15.373)	
FEM						0.007** (2.471)
Firm fixed effect	Yes	Yes	Yes	Yes	Yes	Yes
Obs	5 533	5 533	5 533	5 533	5 533	5 533

注：表中数据为各自变量的回归系数，括弧内数值为 t 值；***、**、* 分别表示在 1%、5%、10% 显著性水平上显著。

第二，与研究假设 1 的 PSM 内生性检验方法相一致，采用倾向得分匹配法（propensity score matching，PSM）做进一步的内生性处理。具体来说，首先，将 2008 ~ 2016 年发生代际传承的家族企业视为倾向匹配的处理组，该期间没有发生的当作对照组；其次，以 SUCC 为因变量，使用 probit 模型估计各样本的倾向得分，其中，自变量为模型（5 - 3）的控制变量；再其次，按最近相邻匹配方法根据 1:2 的比例分别对实验组和控制组作匹配，由此得到匹配后的新样本；最后，以该新样本重新对模型（5 - 3）作回归分析。5 - 14 报告了回归结果。可以看出，PSM 样本匹配后，代际传承代理变量 SUCC 与股东会家族超额控制代理变量 FEO 的回归系数为负值，在 5% 统计水平上显著，回归结果依然支持研究假设 2；家族超额董事席位 FEB 的回归系数为 0.003（p < 0.10），在 10% 统计水平上显著，家族超额经理职位（FEM）的回归系数 0.003（p < 0.05），在 5% 统计水平上显著，表明回归结果支持研究假设 3、研究假设 4。以上回归结果均表明了使用 PSM 倾向得分匹配法以缓解样本选择性偏误后，研究假设 2、研究假设 3、研究假设 4 的理论预期仍然是成立的①。

表 5－14　　　　　代际传承与家族企业代际传承的回归结果：PSM 匹配

变量	（1）	（2）	（3）
Lev	-0.126 (-0.669)	-0.132 (-0.699)	-0.126 (-0.666)
Fixedassets	0.352* (1.943)	0.336* (1.854)	0.318* (1.752)
Size	0.029 (1.200)	0.033 (1.393)	0.035 (1.471)
Fage	0.007 (1.340)	0.006 (1.229)	0.006 (1.225)
ROA	-0.182 (-0.363)	-0.121 (-0.242)	-0.100 (-0.199)
Expns	0.007 (0.659)	0.008 (0.714)	0.008 (0.758)
Cur	-0.004 (-0.265)	-0.002 (-0.166)	-0.002 (-0.167)
Own	-0.009 (-0.241)	-0.005 (-0.123)	-0.004 (-0.095)
Risk	-0.029 (-0.196)	-0.023 (-0.155)	-0.025 (-0.164)
Dual	0.012 (0.231)	0.013 (0.249)	-0.023 (-0.420)
FEO	-0.001** (-2.035)		

---

① 事实上，进行 1:3、1:4 的 PSM 匹配的回归结果类似。

变量	(1)	(2)	(3)
FEB		0.003 * (1.838)	
FEM			0.003 ** (2.441)
Firm fixed effect	Yes	Yes	Yes
Constant	76.660 *** (2.989)	79.388 *** (3.091)	78.379 *** (3.055)
Obs	2 807	2 807	2 807

注：表中数据为各自变量的回归系数，括弧内数值为 t 值；*** 、** 、* 分别表示在 1%、5%、10% 显著性水平上显著。

5.3.2.3 机制检验

前面理论推演表明，股东会家族超额控制会引发代理问题，抑制家族企业代际传承倾向；同时，家族超额董事席位以及家族超额经理职位则可以抑制代理问题，激励家族企业代际传承倾向。为了进一步检验家族超额控制对家族企业代际传承的中间机制，分别从管理费用率和大股东掏空两个维度来考察家族超额控制对代理成本的治理作用。对此，设立以下待检验模型：

$$AC/Rel\_trans_{i,t} = \alpha + \beta_1 Family\_Excess_{i,t} + \beta_i \sum_{t=2}^{n} Control_{i,t} + u_{i,t} + \varepsilon_{i,t}$$

$$(5-4)$$

其中，AC 为管理者代理成本；Rel_trans 为大股东掏空行为；Family_Excess 为家族超额控制，即股东会家族超额控制（FEO）、家族超额董事席位（FEB）以及家族超额经理职位（FEM）；Control 为控制变量；$u_{i,t}$ 为公司固定效应；$\varepsilon_{i,t}$ 为残差项，其余变量含义与前面一致，此处不再赘述。

表 5-15 是对模型（5-4）的回归检验结果，即家族超额控制（FEO、FEB、FEM）如何影响两类代理成本（AC、Rel_trans）的回归结果。可以发现，股东会家族超额控制（FEO）的回归系数分别为 0.001（p < 0.05）、

2.965（p＜0.01），在1%或5%统计水平上显著正相关，表明了股东会家族
超额控制显著恶化了两类代理成本；家族超额董事席位（FEB）以及家族超
额经理职位（FEM）与两类代理成本（AC、Rel_trans）均显著负相关，均
在5%或10%统计水平上显著，说明家族超额董事席位以及家族超额经理职
位显著抑制了两类代理成本。由此进一步验证了研究假设2、研究假设3以
及研究假设4的理论逻辑。

表 5-15　　　　　　家族超额控制与代理成本的回归结果

变量	AC			Rel_trans		
	（1）	（2）	（3）	（4）	（5）	（6）
Lev	0.001 ***	0.001 ***	0.001 ***	55.325 ***	54.752 ***	54.796 ***
	（3.810）	（3.824）	（3.813）	（4.478）	（4.424）	（4.428）
Fixedassets	0.000 **	0.000 **	0.000 **	-11.061	-10.516	-10.551
	（2.439）	（2.352）	（2.423）	（-0.687）	（-0.651）	（-0.654）
Size	-0.000 ***	-0.000 ***	-0.000 ***	1.334	1.578	1.611
	（-3.503）	（-3.514）	（-3.516）	（0.461）	（0.544）	（0.556）
Fage	-0.000	0.000	-0.000	-0.073	-0.631	-0.430
	（-0.059）	（0.041）	（-0.054）	（-0.013）	（-0.108）	（-0.073）
ROA	-0.000	-0.000	-0.000	25.312	26.396	26.838
	（-0.745）	（-0.803）	（-0.764）	（0.869）	（0.904）	（0.919）
Expns	-0.000	-0.000	-0.000	0.232	0.357	0.382
	（-1.037）	（-1.086）	（-1.074）	（0.356）	（0.549）	（0.587）
Cur	-0.000	-0.000	-0.000	0.692	0.663	0.634
	（-0.966）	（-0.984）	（-0.946）	（0.993）	（0.951）	（0.909）
Own	-0.000	-0.000	-0.000	1.495	1.447	1.406
	（-0.940）	（-0.891）	（-0.919）	（0.796）	（0.769）	（0.747）
Risk	-0.000	-0.000	-0.000	13.268 *	13.076 *	12.986 *
	（-0.159）	（-0.175）	（-0.155）	（1.791）	（1.762）	（1.750）
Dual	0.000 ***	0.000 ***	0.000 ***	8.889 **	9.497 **	8.065 **
	（3.223）	（3.194）	（3.201）	（2.301）	（2.456）	（1.967）
FEO	**0.001 ****			2.965 ***		
	（2.251）			（3.826）		
FEB		-0.001 **			-0.091 *	
		（-2.550）			（-1.699）	

续表

变量	AC			Rel_trans		
	(1)	(2)	(3)	(4)	(5)	(6)
FEM			−0.001 ** (−2.509)			−0.129 ** (−2.024)
Firm fixed effect	Yes	Yes	Yes	Yes	Yes	Yes
Constant	(3.223) 0.000	(3.194) 0.000	(3.201) 0.000	(2.301) −221.849 **	(2.456) −215.248 **	(1.967) −216.700 **
Obs	5 533	5 533	5 533	5 533	5 533	5 533

注：表中数据为各自变量的回归系数，括弧内数值为 t 值；***、**、* 分别表示在 1%、5%、10% 显著性水平上显著。

5.3.2.4 稳健性检验

本书还进行了以下的稳健性检验：第一，为缓解内生性问题，对解释变量、控制变量作滞后一期处理，并做回归分析。表 5 - 16 列（1）、列（2）、列（3）分别报告了代际传承（SUCC）与股东会家族超额控制（FEO）、家族超额董事席位（FEB）以及家族超额经理职位（FEM）的回归结果。可以看出，股东会家族超额控制（FEO）的回归系数为负值，在 5% 统计水平上显著，家族超额董事席位（FEB）和家族超额经理职位（FEM）与代际传承（SUCC）呈正相关，且在 10% 或 5% 统计水平上显著。这说明缓解内生性问题后，回归结果仍然支持研究假设 2、研究假设 3 以及研究假设 4。

表 5 -16　　　　　家族超额控制与代际传承的回归结果：滞后一期

变量	(1)	(2)	(3)
Lev_{t-1}	0.454 ** (2.409)	0.410 ** (2.179)	0.417 ** (2.218)
$Fixedassets_{t-1}$	0.817 *** (4.827)	0.849 *** (5.002)	0.836 *** (4.914)

续表

变量	（1）	（2）	（3）
$Size_{t-1}$	0.043 * (1.940)	0.043 * (1.954)	0.044 ** (1.982)
$Fage_{t-1}$	0.014 *** (3.216)	0.014 *** (3.083)	0.014 *** (3.077)
ROA_{t-1}	1.474 *** (3.255)	1.526 *** (3.372)	1.537 *** (3.396)
$Expns_{t-1}$	0.003 (0.319)	0.006 (0.617)	0.006 (0.631)
Cur_{t-1}	0.011 (1.053)	0.013 (1.219)	0.013 (1.215)
Own_{t-1}	− 0.065 * (− 1.791)	− 0.057 (− 1.583)	− 0.057 (− 1.578)
$Risk_{t-1}$	− 0.513 *** (− 3.873)	− 0.459 *** (− 3.488)	− 0.459 *** (− 3.491)
$Dual_{t-1}$	− 0.106 ** (− 2.267)	− 0.104 ** (− 2.233)	− 0.133 *** (− 2.733)
FEO_{t-1}	− 0.019 ** (− 2.419)		
FEB_{t-1}		0.002 * (1.708)	
FEM_{t-1}			0.003 ** (2.089)
Firm fixed effect	Yes	Yes	Yes
Constant	51.142 ** (1.962)	46.168 * (1.776)	44.905 * (1.729)
Obs	4 279	4 279	4 279

注：表中数据为各自变量的回归系数，括弧内数值为 t 值；*** 、** 、* 分别表示在 1% 、5% 、10% 显著性水平上显著。

第二，替代代际传承代理变量。根据前面关于代际传承变量的设定，以"创一代"儿子是否参与家族企业管理为标准，重新定义代际传承变量，以

SUCC_SON 表征。表 5 – 17 显示了对上述模型（5 – 3）再次分析的回归结果。很显然，股东会家族超额控制（FEO）的回归系数为负值，在 1% 统计水平上显著，家族超额董事席位（FEB）和家族超额经理职位（FEM）与代际传承（SUCC）呈正相关，且在 10% 或 5% 统计水平上显著。这说明替换代际传承代理变量之后，回归结果支持研究假设 2、研究假设 3 以及研究假设 4，表明研究结论仍然是稳健的。

表 5 – 17   家族超额控制与代际传承的回归结果：因变量替代

变量	(1) SUCC_SON	(2) SUCC_SON	(3) SUCC_SON
Lev	– 0.093 (– 0.561)	– 0.082 (– 0.497)	– 0.075 (– 0.456)
Fixedassets	0.705 *** (4.422)	0.698 *** (4.389)	0.687 *** (4.311)
Size	0.079 *** (3.774)	0.077 *** (3.710)	0.078 *** (3.753)
Fage	0.018 *** (4.209)	0.017 *** (4.009)	0.017 *** (3.994)
ROA	0.152 (0.348)	0.229 (0.526)	0.231 (0.534)
Expns	– 0.001 (– 0.077)	0.001 (0.151)	0.002 (0.181)
Cur	– 0.014 (– 1.195)	– 0.012 (– 1.036)	– 0.012 (– 1.038)
Own	0.008 (0.235)	0.010 (0.317)	0.010 (0.316)
Risk	– 0.307 ** (– 2.449)	– 0.258 ** (– 2.074)	– 0.258 ** (– 2.077)
Dual	– 0.103 ** (– 2.287)	– 0.102 ** (– 2.276)	– 0.132 *** (– 2.833)
FEO	– 0.027 *** (– 3.107)		
FEB		0.002 * (1.880)	

续表

变量	(1) SUCC_SON	(2) SUCC_SON	(3) SUCC_SON
FEM			0.003 ** (2.293)
Firm fixed effect	Yes	Yes	Yes
Constant	74.421 *** (3.354)	67.912 *** (3.079)	66.898 *** (3.036)
Obs	5 533	5 533	5 533

注：表中数据为各自变量的回归系数，括弧内数值为 t 值；***、**、* 分别表示在 1%、5%、10% 显著性水平上显著。

第三，敏感性测试。根据已有文献，以家族所有权 5%（Villalonga and Amit，2006）、10%（Maury，2006）和 20%（López De Silanes et al.，1999）作为定义家族企业样本不同临界值，并借此做敏感性测试。表 5 - 18 报告了家族所有权大于 10% 临界值时家族超额控制与代际传承的回归结果①。可以发现，股东会家族超额控制（FEO）、家族超额董事席位（FEB）以及家族超额经理职位（FEM）与代际传承（SUCC）的回归结果在 1%、5% 或 10% 统计水平上显著，符合研究假设 2、研究假设 3 以及研究假设 4 的理论预期。

表 5 - 18　　　　　　家族超额控制与代际传承的回归结果：敏感性测试

变量	(1)	(2)	(3)
Lev	0.030 (0.191)	0.030 (0.192)	0.037 (0.241)
Fixedassets	0.909 *** (6.027)	0.900 *** (5.973)	0.889 *** (5.893)
Size	0.055 *** (2.721)	0.053 *** (2.670)	0.054 *** (2.721)
Fage	0.018 *** (4.499)	0.017 *** (4.335)	0.017 *** (4.306)

① 家族所有权在 5%、20% 临界值的回归结果类似。

续表

变量	(1)	(2)	(3)
ROA	0.808 ** (1.964)	0.897 ** (2.186)	0.907 ** (2.211)
Expns	0.002 (0.213)	0.004 (0.494)	0.005 (0.521)
Cur	−0.005 (−0.453)	−0.004 (−0.361)	−0.004 (−0.355)
Own	−0.008 (−0.265)	−0.005 (−0.160)	−0.005 (−0.146)
Risk	−0.393 *** (−3.364)	−0.353 *** (−3.048)	−0.352 *** (−3.039)
Dual	−0.154 *** (−3.690)	−0.153 *** (−3.666)	−0.183 *** (−4.215)
FEO	−0.021 *** (−2.577)		
FEB		0.002 * (1.919)	
FEM			0.003 ** (2.518)
Firm fixed effect	Yes	Yes	Yes
Constant	77.239 *** (3.670)	73.732 *** (3.513)	72.935 *** (3.480)
Obs	5 359	5 359	5 359

注：表中数据为各自变量的回归系数，括弧内数值为 t 值；*** 、 ** 、 * 分别表示在 1% 、5% 、10% 显著性水平上显著。

5.3.3 地区市场化水平、家族权力配置与代际传承的回归检验

5.3.3.1 基准回归分析

为了验证研究假设 1A，在模型（5 - 1）基础上引入地区市场化水平（Mkt）及其与夫妻共同持股（Huswif）变量的交互项，设定的待检验模

型为:

$$\text{Probit:} SUCC_{i,t} = \alpha + \beta_1 Huswif_{i,t} + \beta_2 Mkt_{i,t} + \beta_3 Huswif_{i,t}$$

$$\times Mkt_{i,t} + \beta_i \sum_{t=4}^{n} Control_{i,t} + u_{i,t} + \varepsilon_{i,t} \qquad (5-5)$$

其中,代际传承(SUCC)、夫妻共同持股(Huswif)以及控制变量(Control)与前面一致,不再赘述。Mkt 为地区市场化水平,为樊纲总市场化指数;$u_{i,t}$ 为公司固定效应;$\varepsilon_{i,t}$ 为残差项。根据研究假设 1A 的理论预期,模型的回归系数 β_3 应该是显著为正。

表 5 - 17 列(1)报告了回归模型(5 - 5)的回归结果。容易发现,夫妻共同持股与地区市场化水平代理变量的交互项(Huswif × Mkt)回归系数为 0. 071,在 1% 统计水平上显著,这说明较高的地区市场化水平能够显著增强夫妻共同持股对家族企业代际传承的促进效应,由此证实了研究假设 1A 的理论推测。

为验证研究假设 2A、研究假设 3A、研究假设 4A,类似地,在模型(5 - 3)的基础上引入地区市场化水平(Mkt)及其与家族超额控制(Family_Excess)变量的交互项,建立的模型如下:

$$\text{Probit:} SUCC_{i,t} = \alpha + \beta_1 \overline{Family\_Excess_{i,t}} + \beta_2 \overline{Mkt_{i,t}}$$

$$+ \beta_3 \overline{Family\_Excess_{i,t}} \times \overline{Mkt_{i,t}} + \beta_i \sum_{t=4}^{n} Control_{i,t}$$

$$+ u_{i,t} + \varepsilon_{i,t} \qquad (5-6)$$

其中,代际传承(SUCC)、地区市场化水平(Mkt)以及控制变量(Control)与前面一致,不再赘述。其中,Family_Excess 为家族超额控制,即股东会家族超额控制(FEO)、家族超额董事席位(FEB)以及家族超额经理职位(FEM),同时引入其与地区市场化水平的交互项。由于引入地区市场化水平(Mkt)和家族超额控制(Family_Excess)连续变量的交互项会存在共线性问题,因而做了去中心化处理(温忠麟等,2005;温忠麟等,2022)。

表 5 - 19 列(2)、列(3)、列(4)报告了模型(5 - 6)的回归结果。回归结果显示,股东会家族超额控制(FEO)与地区市场化水平(Mkt)交

互项（FEO×Mkt）回归系数为0.002，在10%统计水平上显著，证实了较高的地区市场化水平有助于缓解股东会家族超额控制对代际传承的抑制效应，研究假设2A获得了实证支持；家族超额董事席位（FEB）与地区市场化水平（Mkt）交互项（FEB×Mkt）回归系数为0.001，在1%统计水平上显著，说明了较高的地区市场化水平有助于增强家族超额董事席位对代际传承的促进效应，支持了研究假设3A的理论预期；类似地，家族超额经理职位（FEM）与地区市场化水平（Mkt）交互项（FEM×Mkt）的回归结果（$\beta = 0.002$，$p < 0.01$）支持了研究假设4A，即较高的地区市场化水平会显著增强家族超额经理职位对代际传承的促进效应。综上所述，研究假设2A、研究假设3A、研究假设4A获得了实证支持。

表5–19　　　　地区市场化水平、家族权力配置与代际传承的回归结果

变量	（1）	（2）	（3）	（4）
Lev	−0.010 （−0.066）	0.053 （0.352）	0.048 （0.319）	0.053 （0.352）
Fixedassets	0.856*** （5.781）	0.844*** （5.734）	0.830*** （5.624）	0.844*** （5.734）
Size	0.037* （1.938）	0.041** （2.139）	0.046** （2.391）	0.041** （2.139）
Fage	0.017*** （4.314）	0.017*** （4.409）	0.017*** （4.288）	0.017*** （4.409）
ROA	0.768* （1.926）	0.789** （1.988）	0.837** （2.104）	0.789** （1.988）
Expns	−0.001 （−0.120）	0.002 （0.293）	0.003 （0.316）	0.002 （0.293）
Cur	−0.005 （−0.484）	−0.005 （−0.514）	−0.005 （−0.432）	−0.005 （−0.514）
Own	−0.021 （−0.678）	−0.017 （−0.547）	−0.014 （−0.445）	−0.017 （−0.547）
Risk	−0.331*** （−2.884）	−0.356*** （−3.121）	−0.349*** （−3.054）	−0.356*** （−3.121）

续表

变量	（1）	（2）	（3）	（4）
Dual	-0.127*** (-3.060)	-0.138*** (-3.348)	-0.138*** (-3.343)	-0.138*** (-3.348)
Mkt	0.022* (1.865)	0.014 (1.351)	0.014 (1.302)	0.050 (0.623)
Huswif	1.082*** (3.846)			
FEO		-0.001** (-2.086)		
FEB			0.002* (1.928)	
FEM				0.001 (1.086)
Huswif × Mkt	0.071*** (2.580)			
FEO × Mkt		0.002* (1.808)		
FEB × Mkt			0.001*** (2.769)	
FEM × Mkt				0.002*** (2.808)
Firm fixed effect	Yes	Yes	Yes	Yes
Constant	39.194* (1.907)	58.914*** (2.891)	59.908*** (2.939)	58.929*** (2.891)
Obs	5 533	5 533	5 533	5 533

注：表中数据为各自变量的回归系数，括弧内数值为 t 值；***、**、* 分别表示在 1%、5%、10% 显著性水平上显著。

5.3.3.2　稳健性检验

本书还进行了以下一系列稳健性测试：第一，对解释变量、调节变量、控制变量作滞后一期处理，以缓解内生性问题。需要说明的是，由于引入地区市场化水平（Mkt_{t-1}）和家族超额控制（$Family\_Excess_{t-1}$）连续变量的交互项会存在共线性问题，因而做了去中心化处理（温忠麟等，2005；温忠麟等，2022）。表5-20报告了解释变量、控制变量滞后一期后对模型（5-5）、模型（5-6）的回归结果。很显然，夫妻共同持股（Huswif）与地区市场化水平（Mkt）交互项$Huswif_{t-1} \times Mkt_{t-1}$的回归系数为0.072，在5%统计水平上显著，研究假设1A依然获得了回归结果支持。

表5-20中列（2）、列（3）及列（4）分别报告了不同层次家族超额控制（$Family\_Excess_{t-1}$）、地区市场化水平（Mkt_{t-1}）与代际传承（SUCC）回归结果。可以发现，股东会家族超额控制代理变量与地区市场化水平代理变量的交互项$FEO_{t-1} \times Mkt_{t-1}$回归结果（$\beta = 0.002$，$p < 0.10$）、家族超额董事席位代理变量与地区市场化水平代理变量的交互项$FEB_{t-1} \times Mkt_{t-1}$回归结果（$\beta = 0.001$，$p < 0.11$）、家族超额经理职位代理变量与地区市场化水平代理变量的交互项$FEM_{t-1} \times Mkt_{t-1}$回归结果（$\beta = 0.002$，$p < 0.10$）均支持了研究假设2A、研究假设3A、研究假设4A。需要说明的是，$FEB_{t-1} \times Mkt_{t-1}$回归结果显示p值为1.572，表现为边际显著，不影响实证结果。

表5-20   地区市场化水平、家族权力配置与代际传承的
回归结果：滞后一期

变量	（1）	（2）	（3）	（4）
Lev_{t-1}	0.164 (0.955)	0.219 (1.280)	0.217 (1.267)	0.219 (1.280)
$Fixedassets_{t-1}$	0.730 *** (4.373)	0.708 *** (4.272)	0.700 *** (4.219)	0.708 *** (4.272)
$Size_{t-1}$	0.024 (1.086)	0.030 (1.353)	0.032 (1.471)	0.030 (1.353)
$Fage_{t-1}$	0.016 *** (3.642)	0.017 *** (3.837)	0.017 *** (3.758)	0.017 *** (3.837)
ROA_{t-1}	1.061 ** (2.355)	1.094 ** (2.440)	1.111 ** (2.477)	1.094 ** (2.440)
$Expns_{t-1}$	-0.008 (-0.764)	-0.004 (-0.408)	-0.004 (-0.379)	-0.004 (-0.408)

续表

变量	（1）	（2）	（3）	（4）
Cur_{t-1}	0.009 （0.754）	0.009 （0.691）	0.009 （0.720）	0.009 （0.691）
Own_{t-1}	-0.057* （-1.665）	-0.050 （-1.455）	-0.048 （-1.409）	-0.050 （-1.455）
$Risk_{t-1}$	-0.332** （-2.417）	-0.363*** （-2.661）	-0.360*** （-2.636）	-0.363*** （-2.661）
$Dual_{t-1}$	-0.135*** （-2.884）	-0.146*** （-3.139）	-0.146*** （-3.144）	-0.146*** （-3.139）
Mkt_{t-1}	0.028** （2.127）	0.021* （1.756）	0.021* （1.757）	0.042 （0.469）
$Huswif_{t-1}$	1.119*** （3.454）			
FEO_{t-1}		-0.002 （-0.233）		
FEB_{t-1}			0.001 （0.852）	
FEM_{t-1}				-0.002 （-0.233）
$Huswif_{t-1} \times Mkt_{t-1}$	0.072** （2.259）			
$FEO_{t-1} \times Mkt_{t-1}$		0.002* （1.708）		
$FEB_{t-1} \times Mkt_{t-1}$			0.001* （1.572）	
$FEM_{t-1} \times Mkt_{t-1}$				0.002* （1.708）
Firm fixed effect	Yes	Yes	Yes	Yes
Constant	29.593 （1.128）	55.177** （2.122）	55.118** （2.121）	55.221** （2.123）
Obs	4 296	4 296	4 296	4 296

注：表中数据为各自变量的回归系数，括弧内数值为 t 值；***、**、* 分别表示在 1%、5%、10% 显著性水平上显著。

第二，替代代际传承的代理变量。与前面定义变量相一致，以"创一代"孩子是否参与家族企业管理为标准，作为代际传承的替代变量，并以

SUCC_SON 表征。需要说明的是，由于引入地区市场化水平（Mkt）和家族超额控制（Family_Excess）连续变量的交互项会存在共线性问题，因而做了去中心化处理（温忠麟等，2005；温忠麟等，2022）。表 5 - 21 报告了替代代际传承代理变量后对模型（5 - 5）、模型（5 - 6）的回归结果。可以看出，夫妻共同持股（Huswif）与地区市场化水平（Mkt）交互项 Huswif × Mkt 的回归系数为 0.029，在 10% 统计水平上显著，研究假设 1A 依然获得了回归结果支持。

表 5 - 21 中列（2）、列（3）、列（4）分别报告了不同层次家族超额控制（Family_Excess）、地区市场化水平（Mkt）与代际传承（SUCC_SON）的回归结果。回归结果显示，股东会家族超额控制代理变量与地区市场化水平代理变量的交互项 FEO × Mkt 回归结果（$\beta = 0.006$，$p < 0.10$）、家族超额董事席位代理变量与地区市场化水平代理变量的交互项 FEB × Mkt 回归结果（$\beta = 0.001$，$p < 0.05$）、家族超额经理职位代理变量与地区市场化水平代理变量的交互项 FEM × Mkt 回归结果（$\beta = 0.006$，$p < 0.10$）均支持研究假设 2A、研究假设 3A、研究假设 4A。因此，替代代际传承的代理变量后，实证结果还是支持研究假设 1A、研究假设 2A、研究假设 3A、研究假设 4A。

表 5 - 21　　　　　地区市场化水平、家族权力配置与代际传承的
回归结果：因变量替代

变量	（1）SUCC_SON	（2）SUCC_SON	（3）SUCC_SON	（4）SUCC_SON
Lev	− 0.148 (− 0.895)	− 0.088 (− 0.534)	− 0.089 (− 0.539)	− 0.088 (− 0.534)
Fixedassets	0.728 *** (4.544)	0.717 *** (4.497)	0.686 *** (4.294)	0.717 *** (4.497)
Size	0.070 *** (3.352)	0.077 *** (3.659)	0.078 *** (3.741)	0.077 *** (3.659)
Fage	0.017 *** (4.035)	0.017 *** (4.011)	0.017 *** (3.968)	0.017 *** (4.011)
ROA	0.189 (0.435)	0.176 (0.405)	0.216 (0.497)	0.176 (0.405)

续表

变量	（1） SUCC_SON	（2） SUCC_SON	（3） SUCC_SON	（4） SUCC_SON
Expns	−0.002 （−0.259）	0.001 （0.126）	0.001 （0.125）	0.001 （0.126）
Cur	−0.012 （−1.050）	−0.013 （−1.113）	−0.012 （−1.033）	−0.013 （−1.113）
Own	0.003 （0.081）	0.007 （0.212）	0.010 （0.310）	0.007 （0.212）
Risk	−0.240* （−1.925）	−0.262** （−2.108）	−0.255** （−2.052）	−0.262** （−2.108）
Dual	−0.089** （−1.965）	−0.101** （−2.258）	−0.101** （−2.266）	−0.101** （−2.258）
Mkt	0.008 （0.666）	0.008 （0.680）	0.008 （0.738）	0.147* （1.658）
Huswif	0.685** （2.204）			
FEO		−0.009 （−1.288）		
FEB			0.002* （1.891）	
FEM				−0.009 （−1.288）
Huswif × Mkt	0.029* （1.949）			
FEO × Mkt		0.006* （1.769）		
FEB × Mkt			0.001** （2.576）	
FEM × Mkt				0.006* （1.769）
Firm fixed effect	Yes	Yes	Yes	Yes
Constant	47.193** （2.124）	67.941*** （3.078）	68.032*** （3.083）	68.194*** （3.089）
Obs	5 533	5 533	5 533	5 533

注：表中数据为各自变量的回归系数，括弧内数值为 t 值；***、**、* 分别表示在 1%、5%、10% 显著性水平上显著。

第三，替代地区市场化水平代理变量。考虑到法律制度环境对企业行为的重要影响（李文贵和余明桂，2012），以樊纲（2012）的法律制度环境指数作为地区市场化水平的替代变量，以 Mkt1 表征，并实证检验研究假设1A、研究假设2A、研究假设3A、研究假设4A。需要说明的是，由于引入地区市场化水平（Mkt1）和家族超额控制（Family_Excess）连续变量的交互项会存在共线性问题，因而做了去中心化处理（温忠麟等，2005；温忠麟等，2022）。

回归结果如表5-22所示，结果显示，地区市场化水平代理变量替换之后，其代理变量 Mkt1 与夫妻共同持股（Huswif）、股东会家族超额控制（FEO）、家族超额董事席位（FEB）以及家族超额经理职位（FEM）四个代理变量交互项的回归系数均符合理论预期，且在5%或10%统计水平上显著。这意味着改变地区市场化水平代理变量之后，研究假设1A、研究假设2A、研究假设3A、研究假设4A 仍然获得了实证支持。

表5-22　　　　地区市场化水平、家族权力配置与代际传承的
回归结果：地区市场化水平变量替代

变量	（1）	（2）	（3）	（4）
Lev	-0.008 (-0.056)	0.052 (0.346)	0.047 (0.313)	0.052 (0.346)
Fixedassets	0.855*** (5.780)	0.839*** (5.703)	0.825*** (5.594)	0.839*** (5.703)
Size	0.037* (1.936)	0.042** (2.165)	0.046** (2.394)	0.042** (2.165)
Fage	0.017*** (4.320)	0.017*** (4.410)	0.017*** (4.280)	0.017*** (4.410)
ROA	0.783** (1.965)	0.790** (1.991)	0.844** (2.120)	0.790** (1.991)
Expns	-0.000 (-0.056)	0.003 (0.329)	0.003 (0.358)	0.003 (0.329)
Cur	-0.005 (-0.452)	-0.005 (-0.521)	-0.005 (-0.451)	-0.005 (-0.521)

续表

变量	（1）	（2）	（3）	（4）
Own	− 0. 022 （− 0. 708）	− 0. 017 （− 0. 554）	− 0. 014 （− 0. 446）	− 0. 017 （− 0. 554）
Risk	− 0. 332 *** （− 2. 895）	− 0. 357 *** （− 3. 123）	− 0. 350 *** （− 3. 061）	− 0. 357 *** （− 3. 123）
Dual	− 0. 126 *** （− 3. 043）	− 0. 137 *** （− 3. 335）	− 0. 136 *** （− 3. 309）	− 0. 137 *** （− 3. 335）
Mkt1	0. 007 （1. 620）	0. 007 * （1. 798）	0. 007 * （1. 689）	0. 013 （0. 404）
Huswif	0. 501 *** （4. 378）			
FEO		− 0. 001 （− 0. 138）		
FEB			0. 002 * （1. 864）	
FEM				− 0. 001 （− 0. 138）
Huswif × Mkt1	0. 012 ** （2. 287）			
FEO × Mkt1		0. 001 * （1. 633）		
FEB × Mkt1			0. 001 * （1. 773）	
FEM × Mkt1				0. 001 * （1. 633）
Firm fixed effect	Yes	Yes	Yes	Yes
Constant	31. 059 （1. 437）	46. 411 ** （2. 158）	48. 739 ** （2. 264）	46. 435 ** （2. 158）
Obs	5 533	5 533	5 533	5 533

注：表中数据为各自变量的回归系数，括弧内数值为 t 值；*** 、** 、* 分别表示在 1% 、5% 、10% 显著性水平上显著。

第四，根据已有文献，以家族所有权 5%（Villalonga and Amit，2006）、10%（Maury，2006）和 20%（López De Silanes et al.，1999）作为定义家族企业样本的不同临界值，对研究假设 1A、研究假设 2A、研究假设 3A、研究假设 4A 做敏感性测试[①]。表 5 – 23 报告了家族所有权高于 10% 时的回归结果显示，夫妻共同持股（Huswif）、股东会家族超额控制（FEO）、家族超额董事席位（FEB）以及家族超额经理职位（FEM）与地区市场化水平（Mkt）交互项的回归结果符合研究假设 1A、研究假设 2A、研究假设 3A 以及研究假设 4A 的理论预期，说明研究结论是稳健的。

表 5 – 23　　　　地区市场化水平、家族权力配置与代际传承的回归结果：敏感性测试

变量	(1)	(2)	(3)	(4)
Lev	-0.050 (-0.322)	0.021 (0.136)	0.013 (0.082)	0.021 (0.136)
Fixedassets	0.907 *** (5.977)	0.900 *** (5.962)	0.888 *** (5.868)	0.900 *** (5.962)
Size	0.049 ** (2.442)	0.054 *** (2.653)	0.058 *** (2.867)	0.054 *** (2.653)
Fage	0.017 *** (4.254)	0.017 *** (4.254)	0.017 *** (4.248)	0.017 *** (4.254)
ROA	0.799 * (1.941)	0.840 ** (2.051)	0.888 ** (2.161)	0.840 ** (2.051)
Expns	-0.000 (-0.014)	0.003 (0.365)	0.004 (0.450)	0.003 (0.365)
Cur	-0.005 (-0.464)	-0.005 (-0.454)	-0.004 (-0.407)	-0.005 (-0.454)
Own	-0.013 (-0.428)	-0.009 (-0.301)	-0.006 (-0.206)	-0.009 (-0.301)
Risk	-0.333 *** (-2.863)	-0.355 *** (-3.067)	-0.353 *** (-3.045)	-0.355 *** (-3.067)

---

①　家族所有权在 5%、20% 临界值的回归结果大致相似。

续表

变量	（1）	（2）	（3）	（4）
Dual	-0.140 *** (-3.337)	-0.151 *** (-3.624)	-0.150 *** (-3.604)	-0.151 *** (-3.624)
Mkt	0.025 ** (2.122)	0.017 (1.622)	0.017 (1.637)	0.108 (1.216)
Huswif	1.079 *** (3.809)			
FEO		-0.006 (-0.781)		
FEB			0.002 * (1.804)	
FEM				-0.006 (-0.781)
Huswif × Mkt	0.072 *** (2.589)			
FEO × Mkt		0.005 ** (2.421)		
FEB × Mkt			0.001 ** (2.220)	
FEM × Mkt				0.005 ** (2.421)
Firm fixed effect	Yes	Yes	Yes	Yes
Constant	52.994 ** (2.507)	71.673 *** (3.420)	73.488 *** (3.500)	71.828 *** (3.427)
Obs	5 359	5 359	5 359	5 359

注：表中数据为各自变量的回归系数，括弧内数值为 t 值；*** 、** 、* 分别表示在 1%、5%、10% 显著性水平上显著。

5.3.4 地区社会信任水平、家族权力配置与代际传承的回归检验

5.3.4.1 基准回归分析

为了验证研究假设 1B，在模型（5-3）的基础上引入地区社会信任水

平（Trust）及其与夫妻共同持股（Huswif）变量的交互项，设定的待检验模型为：

$$\text{Probit}: \text{SUCC}_{i,t} = \alpha + \beta_1 \text{Huswif}_{i,t} + \beta_2 \text{Trust}_{i,t} + \beta_3 \text{Huswif}_{i,t}$$

$$\times \text{Trust}_{i,t} + \beta_i \sum_{t=4}^{n} \text{Control}_{i,t} + u_{i,t} + \varepsilon_{i,t} \qquad (5-7)$$

其中，代际传承（SUCC）、夫妻共同持股（Huswif）以及控制变量（Control）与前面一致，不再赘述。Trust 为地区社会信任水平，以张维迎和柯荣住（2002）利用中国跨省的信任调查数据来确定；$u_{i,t}$ 为公司固定效应；$\varepsilon_{i,t}$ 为残差项。根据研究假设 1B 的理论预期，模型的回归系数 β_3 应该是显著为正。

表 5-24 中列（1）报告了回归模型（5-7）的回归结果。容易发现，夫妻共同持股与地区社会信任水平代理变量的交互项（Huswif × Trust）回归系数为 0.005，在 1% 统计水平上显著，这说明社会信任水平越高的地区，夫妻共同持股对家族企业代际传承的促进效应越显著，由此证实了研究假设 1B 的理论推测。

表 5-24　　　　地区社会信任水平、家族权力配置与代际传承的回归结果

变量	(1)	(2)	(3)	(4)
Lev	-0.008 (-0.052)	0.047 (0.313)	0.045 (0.300)	0.047 (0.313)
Fixedassets	0.810 *** (5.422)	0.793 *** (5.338)	0.780 *** (5.236)	0.793 *** (5.338)
Size	0.032 * (1.671)	0.037 * (1.929)	0.041 ** (2.144)	0.037 * (1.929)
Fage	0.017 *** (4.409)	0.018 *** (4.540)	0.017 *** (4.442)	0.018 *** (4.540)
ROA	0.785 ** (1.968)	0.789 ** (1.988)	0.866 ** (2.174)	0.789 ** (1.988)
Expns	0.000 (0.004)	0.004 (0.428)	0.004 (0.422)	0.004 (0.428)

续表

变量	（1）	（2）	（3）	（4）
Cur	− 0. 005 （ − 0. 439）	− 0. 005 （ − 0. 496）	− 0. 004 （ − 0. 373）	− 0. 005 （ − 0. 496）
Own	− 0. 022 （ − 0. 723）	− 0. 017 （ − 0. 566）	− 0. 014 （ − 0. 453）	− 0. 017 （ − 0. 566）
Risk	− 0. 316 *** （ − 2. 750）	− 0. 348 *** （ − 3. 038）	− 0. 335 *** （ − 2. 927）	− 0. 348 *** （ − 3. 038）
Dual	− 0. 128 *** （ − 3. 092）	− 0. 138 *** （ − 3. 353）	− 0. 137 *** （ − 3. 324）	− 0. 138 *** （ − 3. 353）
Trust	0. 009 *** （2. 631）	0. 009 *** （2. 783）	0. 009 *** （2. 792）	0. 041 （1. 618）
Huswif	0. 400 *** （5. 790）			
FEO		− 0. 001 （ − 0. 230）		
FEB			0. 003 ** （2. 120）	
FEM				− 0. 001 （ − 0. 230）
Huswif × Trust	0. 005 *** （2. 591）			
FEO × Trust		0. 001 * （1. 680）		
FEB × Trust			0. 007 ** （1. 967）	
FEM × Trust				0. 001 ** （1. 980）
Firm fixed effect	Yes	Yes	Yes	Yes
Constant	38. 479 * （1. 870）	59. 165 *** （2. 901）	60. 688 *** （2. 975）	59. 204 *** （2. 902）
Obs	5 533	5 533	5 533	5 533

注：表中数据为各自变量的回归系数，括弧内数值为 t 值；*** 、 ** 、 * 分别表示在 1%、5%、10% 显著性水平上显著。

类似地，为了验证研究假设2B、研究假设3B、研究假设4B，建立以下待检验模型：

$$Probit : SUCC_{i,t} = \alpha + \beta_1 \overline{Family\_Excess_{i,t}} + \beta_2 \overline{Trust_{i,t}} + \beta_3 \overline{Family\_Excess_{i,t}}$$

$$\times \overline{Trust_{i,t}} + \beta_i \sum_{t=4}^{n} Control_{i,t} + u_{i,t} + \varepsilon_{i,t} \qquad (5-8)$$

其中，代际传承（SUCC）、地区社会信任水平（Trust）以及控制变量（Control）与前面一致，不再赘述。其中，Family_Excess 为家族超额控制，即股东会家族超额控制（FEO）、家族超额董事席位（FEB）以及家族超额经理职位（FEM），同时引入其与地区社会信任水平的交互项。与模型（5-6）类似，由于引入地区社会信任水平（Trust）和家族超额控制（Family_Excess）连续变量的交互项会存在共线性问题，因而进行了去中心化处理（温忠麟等，2005；温忠麟等，2022）。

表5-24中列（2）、列（3）、列（4）报告了模型（5-8）的回归结果。回归结果显示，股东会家族超额控制（FEO）与地区社会信任水平（Trust）交互项（FEO×Trust）回归系数为0.001，在10%统计水平上显著，证实了较高的地区社会信任水平有助于缓解股东会家族超额控制对代际传承的抑制效应，研究假设2B获得了实证支持；家族超额董事席位（FEB）与地区社会信任水平（Trust）交互项（FEB×Trust）回归系数为0.007，在5%统计水平上显著，说明了较高的地区社会信任水平有助于增强家族超额董事席位对代际传承的促进效应，支持了研究假设3B的理论预期；类似地，家族超额经理职位（FEM）与地区社会信任水平（Trust）交互项（FEM×Trust）的回归结果（$\beta = 0.001$，$p < 0.05$）支持了研究假设4B，即较高的地区社会信任水平有助于增强家族超额经理职位对代际传承的促进效应。由此，地区社会信任水平的调节效应得到了实证支持。

5.3.4.2 稳健性检验

本书还进行了以下的稳健性检验：第一，对解释变量、地区社会信任水平变量、控制变量做滞后一期处理，以缓解内生性问题。需要说明的是，由于引入地区社会信任水平（Trust$_{t-1}$）和家族超额控制（Family_Excess$_{t-1}$）连续变量的交互项会存在共线性问题，因而做了去中心化处理（温忠麟等，2005；温忠麟等，2022）。表 5 - 25 报告了解释变量、地区社会信任水平变量、控制变量滞后一期之后，对模型（5 - 7）、模型（5 - 8）的回归结果。很显然，夫妻共同持股（Huswif）与地区社会信任水平（Trust）交互项 Huswif$_{t-1}$ × Trust$_{t-1}$ 的回归系数为 0.002，在 10% 统计水平上显著，研究假设 1B 依然获得了回归结果支持。

表 5 - 25 中列（2）、列（3）及列（4）分别报告了不同层次家族超额控制（Family_Excess$_{t-1}$）、地区社会信任水平（Trust$_{t-1}$）与代际传承（SUCC）的回归结果。可以发现，股东会家族超额控制代理变量与地区社会信任水平代理变量的交互项 FEO$_{t-1}$ × Trust$_{t-1}$ 回归结果（$\beta = 0.002$，$p < 0.05$）、家族超额董事席位代理变量与地区社会信任水平代理变量的交互项 FEB$_{t-1}$ × Trust$_{t-1}$ 回归结果（$\beta = 0.001$，$p < 0.10$）、家族超额经理职位代理变量与地区社会信任水平代理变量的交互项 FEM$_{t-1}$ × Trust$_{t-1}$ 回归结果（$\beta = 0.002$，$p < 0.05$）均支持研究假设 2B、研究假设 3B、研究假设 4B，说明了研究结论是稳健的。

表 5 - 25　　　　　地区社会信任水平、家族权力配置与代际传承的
回归结果：滞后一期

变量	（1）	（2）	（3）	（4）
Lev$_{t-1}$	0.348 * (1.848)	0.411 ** (2.189)	0.405 ** (2.158)	0.411 ** (2.189)
Fixedassets$_{t-1}$	0.779 *** (4.534)	0.777 *** (4.548)	0.760 *** (4.445)	0.777 *** (4.548)
Size$_{t-1}$	0.031 (1.408)	0.038 * (1.683)	0.039 * (1.766)	0.038 * (1.683)
Fage$_{t-1}$	0.014 *** (3.094)	0.014 *** (3.229)	0.014 *** (3.213)	0.014 *** (3.229)
ROA$_{t-1}$	1.484 *** (3.274)	1.499 *** (3.318)	1.547 *** (3.416)	1.499 *** (3.318)

续表

变量	(1)	(2)	(3)	(4)
$Expns_{t-1}$	0.002 (0.195)	0.006 (0.607)	0.005 (0.560)	0.006 (0.607)
Cur_{t-1}	0.013 (1.183)	0.012 (1.130)	0.013 (1.172)	0.012 (1.130)
Own_{t-1}	−0.068 * (−1.890)	−0.064 * (−1.781)	−0.061 * (−1.709)	−0.064 * (−1.781)
$Risk_{t-1}$	−0.450 *** (−3.404)	−0.480 *** (−3.640)	−0.469 *** (−3.563)	−0.480 *** (−3.640)
$Dual_{t-1}$	−0.095 ** (−2.009)	−0.105 ** (−2.243)	−0.103 ** (−2.204)	−0.105 ** (−2.243)
$Trust_{t-1}$	0.011 *** (2.634)	0.011 *** (3.005)	0.011 *** (2.966)	0.073 ** (2.438)
$Huswif_{t-1}$	0.401 *** (5.036)			
FEO_{t-1}		−0.004 (−0.529)		
FEB_{t-1}			0.002 (1.102)	
FEM_{t-1}				−0.004 (−0.529)
$Huswif_{t-1} \times Trust_{t-1}$	0.002 * (1.684)			
$FEO_{t-1} \times Trust_{t-1}$		0.002 ** (2.087)		
$FEB_{t-1} \times Trust_{t-1}$			0.001 * (1.867)	
$FEM_{t-1} \times Trust_{t-1}$				0.002 ** (2.087)
Firm fixed effect	Yes	Yes	Yes	Yes
Constant	22.155 (0.845)	47.956 * (1.848)	47.672 * (1.838)	48.056 * (1.851)
Obs	4 296	4 296	4 296	4 296

注：表中数据为各自变量的回归系数，括弧内数值为 t 值；***、**、* 分别表示在 1%、5%、10% 显著性水平上显著。

第二，替代代际传承代理变量。与前面界定代际传承变量相一致，以"创一代"儿子是否参与家族企业管理为标准，作为代际传承的替代变量，并以 SUCC_SON 表征。需要说明的是，由于引入地区社会信任水平（Trust）和家族超额控制（Family_Excess）连续变量的交互项会存在共线性问题，因而做了去中心化处理（温忠麟等，2005；温忠麟等，2022）。表 5 – 26 报告了替代代际传承代理变量之后对模型（5 – 7）、模型（5 – 8）的回归结果。可以看出，夫妻共同持股（Huswif）与地区社会信任水平（Trust）交互项 Huswif × Trust 的回归系数为 0.011，在 5% 统计水平上显著，研究假设 1B 依然获得了回归结果支持。

表 5 – 26 中列（2）、列（3）、列（4）分别报告了不同层次家族超额控制（Family_Excess）、地区社会信任水平（Trust）与代际传承（SUCC_SON）的回归结果。回归结果显示，股东会家族超额控制代理变量与地区社会信任代理变量的交互项 FEO × Trust 回归结果（$\beta = 0.002$，$p < 0.10$）、家族超额董事席位代理变量与地区社会信任水平代理变量的交互项 FEB × Trust 回归结果（$\beta = 0.001$，$p < 0.05$）、家族超额经理职位代理变量与地区社会信任水平代理变量的交互项 FEM × Trust 回归结果（$\beta = 0.002$，$p < 0.10$）均支持研究假设 2B、研究假设 3B、研究假设 4B，研究结论是稳健成立的。

表 5 – 26　　地区社会信任水平、家族权力配置与代际传承的
回归结果：因变量替代

变量	(1) SUCC_SON	(2) SUCC_SON	(3) SUCC_SON	(4) SUCC_SON
Lev	– 0.143 （– 0.867）	– 0.097 （– 0.591）	– 0.092 （– 0.556）	– 0.097 （– 0.591）
Fixedassets	0.705 *** （4.361）	0.689 *** （4.283）	0.670 *** （4.160）	0.689 *** （4.283）
Size	0.067 *** （3.234）	0.076 *** （3.616）	0.076 *** （3.672）	0.076 *** （3.616）
Fage	0.017 *** （4.047）	0.017 *** （4.114）	0.017 *** （4.068）	0.017 *** （4.114）

续表

变量	(1) SUCC_SON	(2) SUCC_SON	(3) SUCC_SON	(4) SUCC_SON
ROA	0.176 (0.404)	0.165 (0.380)	0.270 (0.621)	0.165 (0.380)
Expns	-0.002 (-0.196)	0.002 (0.270)	0.002 (0.201)	0.002 (0.270)
Cur	-0.013 (-1.070)	-0.013 (-1.124)	-0.012 (-1.014)	-0.013 (-1.124)
Own	0.001 (0.041)	0.006 (0.191)	0.009 (0.277)	0.006 (0.191)
Risk	-0.229 * (-1.827)	-0.268 ** (-2.146)	-0.250 ** (-2.007)	-0.268 ** (-2.146)
Dual	-0.090 ** (-1.998)	-0.101 ** (-2.260)	-0.098 ** (-2.176)	-0.101 ** (-2.260)
Trust	0.006 (1.582)	0.005 (1.328)	0.005 (1.434)	0.053 ** (1.981)
Huswif	0.467 *** (5.978)			
FEO		-0.010 (-1.483)		
FEB			0.003 ** (2.036)	
FEM				-0.010 (-1.483)
Huswif × Trust	0.011 ** (2.299)			
FEO × Trust		0.002 * (1.831)		
FEB × Trust			0.001 ** (2.205)	
FEM × Trust				0.002 * (1.831)
Firm fixed effect	Yes	Yes	Yes	Yes
Constant	45.936 ** (2.065)	68.529 *** (3.104)	68.725 *** (3.113)	68.820 *** (3.116)
Obs	5 533	5 533	5 533	5 533

注：表中数据为各自变量的回归系数，括弧内数值为 t 值；***、**、* 分别表示在1%、5%、10%显著性水平上显著。

第三，替代地区社会信任水平代理变量。借鉴张敦力和李四海（2012）的研究成果，按社会信任指数大小进行排名并赋值，以 Trust1 表示。之后，利用模型（5-7）、模型（5-8）实证检验研究假设 1B、研究假设 2B、研究假设 3B、研究假设 4B。需要说明的是，由于引入地区社会信任水平（Trust1）和家族超额控制（Family_Excess）连续变量的交互项会存在共线性问题，因而做了去中心化处理（温忠麟等，2005、2022）。回归分析报告于表 5-27。回归结果显示，地区社会信任水平代理变量 Trust1 与夫妻共同持股（Huswif）交互项回归系数为 0.011，在 5% 统计水平上显著，验证了研究假设 1B 的理论预测；Trust1 与股东会家族超额控制（FEO）交互项的回归系为 0.001，t 值为 1.560，意味着呈边际显著，这与研究假设 2B 的预期基本是一致的；Trust1 与家族超额董事席位（FEB）及家族超额经理职位（FEM）交互项的回归系数均符合理论预期，且在 1% 或 5% 统计水平上显著。因此，改变地区社会信任水平代理变量之后，研究假设 1B、研究假设 2B、研究假设 3B、研究假设 4B 仍然获得实证支持，进一步证明了研究结论的稳健性。

表 5-27　　　　地区社会信任水平、家族权力配置与代际传承的
回归结果：地区社会信任水平变量替代

变量	（1）	（2）	（3）	（4）
Lev	-0.007 （-0.045）	0.049 （0.327）	0.047 （0.310）	0.049 （0.327）
Fixedassets	0.851 *** （5.753）	0.830 *** （5.639）	0.814 *** （5.516）	0.830 *** （5.639）
Size	0.036 * （1.888）	0.041 ** （2.141）	0.045 ** （2.354）	0.041 ** （2.141）
Fage	0.017 *** （4.328）	0.017 *** （4.382）	0.017 *** （4.311）	0.017 *** （4.382）
ROA	0.755 * （1.895）	0.770 * （1.943）	0.825 ** （2.074）	0.770 * （1.943）
Expns	-0.001 （-0.113）	0.002 （0.268）	0.003 （0.309）	0.002 （0.268）

续表

变量	(1)	(2)	(3)	(4)
Cur	−0.005 (−0.472)	−0.005 (−0.490)	−0.004 (−0.397)	−0.005 (−0.490)
Own	−0.021 (−0.694)	−0.017 (−0.551)	−0.014 (−0.446)	−0.017 (−0.551)
Risk	−0.319*** (−2.775)	−0.344*** (−3.007)	−0.336*** (−2.932)	−0.344*** (−3.007)
Dual	−0.129*** (−3.116)	−0.139*** (−3.369)	−0.139*** (−3.379)	−0.139*** (−3.369)
Trust1	0.007*** (2.580)	0.007** (2.562)	0.007** (2.534)	−0.023 (−1.049)
Huswif	0.284*** (3.852)			
FEO		−0.011 (−1.153)		
FEB			0.002 (1.253)	
FEM				−0.011 (−1.153)
Huswif × Trust1	0.011** (2.476)			
FEO × Trust1		0.001* (1.560)		
FEB × Trust1			0.001** (2.040)	
FEM × Trust1				0.001*** (2.860)
Firm fixed effect	Yes	Yes	Yes	Yes
Constant	38.048* (1.851)	58.233*** (2.856)	59.666*** (2.925)	58.525*** (2.869)
Obs	5 533	5 533	5 533	5 533

注：表中数据为各自变量的回归系数，括弧内数值为 t 值；*** 、 ** 、 * 分别表示在 1%、5%、10% 显著性水平上显著。

第四，根据已有文献，以家族所有权 5%（Villalonga and Amit，2006）、10%（Maury，2006）和 20%（López De Silanes et al.，1999）作为定义家族企业样本的不同临界值，对研究假设 1B、研究假设 2B、研究假设 3B、研究假设 4B 作敏感性测试①。表 5 - 28 报告了家族所有权高于 10% 时的回归结果，结果显示，夫妻共同持股（Huswif）、股东会家族超额控制（FEO）、家族超额董事席位（FEB）以及家族超额经理职位（FEM）与地区社会信任水平（Trust）交互项的回归系数符合研究假设 2B、研究假设 3B 以及研究假设 4B 的理论预期，且均在 5% 或 10% 统计水平上显著，说明研究结论是稳健的。

表 5 - 28　　　　　地区社会信任水平、家族权力配置与代际传承的

回归结果：敏感性测试

变量	（1）	（2）	（3）	（4）
Lev	- 0.044 （- 0.285）	0.013 （0.082）	0.013 （0.083）	0.013 （0.082）
Fixedassets	0.854 *** （5.572）	0.840 *** （5.508）	0.826 *** （5.404）	0.840 *** （5.508）
Size	0.043 ** （2.133）	0.049 ** （2.431）	0.051 ** （2.563）	0.049 ** （2.431）
Fage	0.017 *** （4.351）	0.018 *** （4.412）	0.017 *** （4.368）	0.018 *** （4.412）
ROA	0.824 ** （2.002）	0.843 ** （2.058）	0.901 ** （2.191）	0.843 ** （2.058）
Expns	0.001 （0.147）	0.005 （0.565）	0.005 （0.567）	0.005 （0.565）
Cur	- 0.004 （- 0.411）	- 0.005 （- 0.435）	- 0.004 （- 0.333）	- 0.005 （- 0.435）
Own	- 0.015 （- 0.492）	- 0.011 （- 0.348）	- 0.007 （- 0.227）	- 0.011 （- 0.348）

① 家族所有权在 5%、20% 临界值的回归结果大致相似。篇幅受限，未予报告。

续表

变量	（1）	（2）	（3）	（4）
Risk	−0.314 *** （−2.689）	−0.345 *** （−2.974）	−0.333 *** （−2.871）	−0.345 *** （−2.974）
Dual	−0.141 *** （−3.369）	−0.151 *** （−3.609）	−0.151 *** （−3.606）	−0.151 *** （−3.609）
Mkt	0.011 *** （3.040）	0.010 *** （3.154）	0.010 *** （3.113）	0.044 * （1.715）
Huswif	0.399 *** （5.733）			
FEO		−0.005 （−0.713）		
FEB			0.002 * （1.936）	
FEM				−0.005 （−0.713）
Huswif × Mkt	0.006 * （1.770）			
FEO × Mkt		0.001 ** （2.327）		
FEB × Mkt			0.001 * （1.846）	
FEM × Mkt				0.001 ** （2.327）
Firm fixed effect	Yes	Yes	Yes	Yes
Constant	52.075 ** （2.460）	72.138 *** （3.439）	73.713 *** （3.508）	72.278 *** （3.445）
Obs	5 359	5 359	5 359	5 359

注：表中数据为各自变量的回归系数，括弧内数值为 t 值；***、**、* 分别表示在 1%、5%、10% 显著性水平上显著。

5.4　本章小结

本书选择 2008 ~ 2016 年中国家族上市公司为研究对象，以非平衡面板数据实证检验了家族权力配置对家族企业代际传承的影响机理，以及地区市场化水平和地区社会信任水平的调节效应。研究发现，夫妻共同持股有助于家族企业实施代际传承，股东会家族超额控制降低家族企业代际传承倾向，而家族超额董事席位和家族超额经理职位则有助于促进家族企业代际传承。上述研究结论通过了解释变量和控制变量滞后一期、工具变量法、PSM 倾向匹配法的内生性检验，以及替代关键变量的度量、不同家族企业定义的敏感性测试。机制检验表明，夫妻共同持股、家族超额董事席位和家族超额经理职位可以抑制企业双重代理成本，股东会家族超额控制则恶化双重代理问题。

进一步，本书还实证检验了地区市场化水平、地区社会信任对家族权力配置与家族企业代际传承之间关系的调节效应。研究表明，地区市场化水平和地区社会信任水平增强了夫妻共同持股对家族企业代际传承的促进效应，缓解了股东会家族超额控制对家族企业代际传承的抑制效应，提高了家族超额董事席位和家族超额经理职位对家族企业代际传承的促进效应。经过解释变量、调节变量以及控制变量滞后一期的缓解内生性处理，以及替代关键变量的代理变量和不同家族企业定义的敏感性测试，研究结论得到了稳健支持。

| 第 6 章 |

代际传承的经济后果

以上理论分析及实证检验表明，家族权力配置对家族企业代际传承产生了异质化效应，即夫妻共同持股、家族超额董事席位以及家族超额经理职位会促进家族企业代际传承倾向，而股东会家族超额控制则抑制代际传承意愿。那么，自然而然的一个疑问是，由此导致的代际传承促进效应或抑制效应又具有怎样的经济后果？

已有研究发现，代际传承使家族企业表现为更低的盈余管理水平（Fan et al.，2012）以及更高的研发投入（黄海杰等，2018），然而更多文献认为，代际传承导致家族企业更差的企业绩效（Cucculelli and Micucci，2008；朱晓文和吕长江，2019）；代际传承会降低家族企业风险承担水平，导致更低的研发投入等创新活动（汪祥耀等，2016；Li et al.，2021）以及更为保守的债务政策（许永斌等，2014），还可能导致员工晋升机制的缺失，扩大职业经理人的流失（曾颖娴等，2021）。针对这些学术争议，有些学者试图寻找代际传承经济后果的理论边界，例如，代际传承产生的企业绩效取决于所有权是否在家族内部进行转让（Wennberg et al.，2011），二代自治阶段与父子共治阶段的研发投入具有不同的表现（赵勇和李新春，2018）。这些探索为解释代际传承经济后果提供了重要的研究启示。本书以家族权力配置作为切入点，探究由此带来的代际传承的经济后果，着重考察企业价值、研发投入和债务特征的代际传承的经济后果。

6.1   研究设计

6.1.1   样本与数据

沿用前面的研究样本和数据以及样本选择方法，选取 2008 ~ 2016 年中国家族上市公司为研究对象，其数据来源于国泰安 CSMAR 中国上市公司数据库、上海证券交易网站以及巨潮咨询网披露的年度报告、IPO 招股说明书等。鉴于样本、数据结构以及特征与前面相关内容相一致，此处不再赘述（更详细信息请参见 5.1.1 样本与数据的相关内容）。

6.1.2   变量定义

被解释变量经济后果（Eco_con）共分为三个变量，分别是：（1）企业价值变量，以 EV 刻画，借鉴邵帅和吕长江（2015）的研究成果，由托宾 Q 值（TQ）表示，其中，TQ =（股权市值 + 净债务市值）/期末总资产，非流通股权市值用净资产替代计算；（2）研发投入变量，以 R&D 刻画，遵循以往家族企业创新文献的做法，在研发支出占营业收入比例的基础上做行业中位数调整（Chen and Hsu，2009；Chrisman and Patel，2012；Sciascia et al.，2015），需要说明的是，研发投入变量做行业中位数的调整，可以剔除不同行业的影响；（3）债务特征变量，以 Liab 表示，定义为长期负债与短期负债的比例。

其余变量包括代际传承（SUCC）、夫妻共同持股（Huswif）、家族超额控制（FEO、FEB、FEM）以及控制变量（Control），与前面的含义相一致。

6.2　描述性统计与相关性分析

表 6 - 1 报告了主要研究变量的描述性统计特征与 Person 相关系数矩阵。可以看出，企业价值代理变量（EV）均值为 2.848，标准差为 2.315，研发投入代理变量（R&D）均值为 - 0.148，标准差为 3.301，债务特征代理变量（Liab）均值为 0.230，标准差为 0.370；其他变量已在前面做了说明，此处不再赘述。

表 6 - 1　　　主要研究变量描述统计特征与 Person 相关性分析

N	变量	Mean	SD	EV	R&D	Liab	SUCC	Huswif	FEO	FEB
5533	EV	2.848	2.315	1.000						
5308	R&D	- 0.148	3.301	0.219 ***	1.000					
5533	Liab	0.230	0.370	- 0.058 ***	0.054 ***	1.000				
5533	SUCC	0.209	0.406	- 0.022	- 0.038 **	0.010	1.000			
5533	Huswif	0.262	0.440	0.037 ***	0.030 **	0.032 **	- 0.113 ***	1.000		
5533	FEO	0.534	3.110	- 0.070 ***	- 0.036 **	- 0.005	0.006	- 0.083 ***	1.000	
5533	FEB	- 20.700	16.460	- 0.009	- 0.022	- 0.008	0.033 **	- 0.088 ***	- 0.007	
5533	FEM	- 27.247	19.428	0.023 *	0.006	- 0.027 **	0.022	- 0.077 ***	- 0.043 ***	0.735 ***

注：R&D 样本量减少系因研发投入缺失值；*** 、** 、* 分别表示在 1%、5%、10% 显著性水平上显著。

Person 相关系数矩阵显示：（1）代际传承代理变量（SUCC）与 EV 为负相关，未在 10% 统计水平上显著，SUCC 与 R&D 相关系数为负值，在 5% 统计水平上显著，说明代际传与研发投入负相关，这与家族企业在代际传承期间倾向于保守的策略一致；SUCC 与 Liab 正相关，未在 10% 统计水平上显著。（2）夫妻共同持股（Huswif）与 EV 为正相关，在 1% 统计水平上显著，可能说明了夫妻共同持股会提升家族企业价值；Huswif 与 R&D 正相关，在 5% 统计水平上显著，这可能意味着夫妻共同持股促进了家族企业研发投入；Huswif 与 Liab 正相关，在 5% 统计水平上显著，说明夫妻共同持股导致企业更偏好于长期借款。（3）股东会家族超额控制（FEO）与 EV 为负相关，在 1% 统计水平上显著，初步说明股东会家族控制抑制了企业价值；FEO 与 R&D 负相关，在 5% 统计水平上显著，可能说明股东会家族控制损害企业长期目标，表现为更低的研发投入水平；FEO 与 Liab 负相关，未在 10% 统计水平上显著。（4）家族超额董事席位（FEB）与 EV 为负相关，未在 10% 统计水平上显著，说明存在其他变量影响它们之间的关系；FEB 与 R&D 负相关，未在 10% 统计水平上显著，说明需要进一步考察其他影响变量；FEB 与 Liab 负相关，未在 10% 统计水平上显著。（5）家族超额经理职位（FEM）与 EV 为正相关，在 10% 统计水平上显著，可能说明家族超额经理职位有助于提升企业价值；FEM 与 R&D 正相关，未在 10% 统计水平上显著；FEM 与 Liab 负相关，在 5% 统计水平上显著，符合家族企业在代际传承期间倾向于保守策略的预期。其他变量之间的关系不一而足。

除 FEB 与 FEM 的相关系数为 0.735 外，其他所有变量之间的相关系数绝对值均在 0.219 以内，而且方差膨胀因子检验发现：方差膨胀因子 VIF 值为 3.27 以内，远小于 10，因此，可以排除变量之间存在严重的共线性问题。

6.3　回归分析

6.3.1　夫妻共同持股对代际传承的经济后果

为了考察夫妻共同持股对代际传承的经济后果，建立以下待检验模型：

$$\text{Eco\_con}_{i,t} = \alpha + \beta_1 \text{Huswif}_{i,t} + \beta_2 \text{SUCC}_{i,t} + \beta_3 \text{Huswif}_{i,t}$$
$$\times \text{SUCC}_{i,t} + \beta_i \sum_{t=4}^{n} \text{Control}_{i,t} + u_{i,t} + \varepsilon_i \quad (6-1)$$

其中，Eco_con 为经济后果变量，具体包括企业价值（EV）、研发投入（R&D）以及债务特征（Liab）等变量。代际传承（SUCC）、夫妻共同持股（Huswif）以及控制变量（Control）的含义与前面一致。$u_{i,t}$ 为公司固定效应；

$\varepsilon_{i,t}$ 为残差项。为了研究夫妻共同持股的代际传承的经济后果，本书重点考察代际传承（SUCC）与夫妻共同持股（Huswif）交互项 SUCC × Huswif 的回归结果。

表 6-2 报告了回归结果。从表 6-2 中列（1）可以看出，企业价值（EV）与代际传承（SUCC）与夫妻共同持股（Huswif）交互项 SUCC × Huswif 的回归系数为 0.164，在 5% 统计水平上显著，说明了夫妻共同持股促进的代际传承提升了企业价值[①]。这是因为，夫妻共同持股往往伴随夫妻共同治理企业，这会降低家族企业包括"自我控制问题"在内的代理成本，从而提高了公司治理水平（许宇鹏，2020；许宇鹏等，2021b），而且，夫妻双方相对平等的话语权以及人力资本不同程度的互补可以促进公司治理效率，从而在整体上提升企业价值。王建峰和赵蔚家（2021）研究认为，"夫妻搭档"治理模式，尤其是妻子的实质性涉入，可以显著提升企业价值。

表 6-2　　　　夫妻共同持股的代际传承经济后果的回归结果

变量	(1) EV	(2) R&D	(3) Liab
Lev	-0.993 *** (-4.412)	-0.339 (-0.908)	0.287 *** (6.149)
Fixedassets	0.539 * (1.855)	0.016 (0.035)	-0.058 (-0.956)
Size	-0.762 *** (-14.316)	-1.474 *** (-15.154)	0.028 ** (2.537)
Fage	0.039 (0.388)	-0.190 (-1.087)	-0.065 *** (-2.967)
ROA	6.732 *** (12.460)	-2.866 *** (-3.089)	-0.330 *** (-2.998)
Expns	-0.007 (-0.592)	-0.066 ** (-2.241)	-0.000 (-0.048)

[①] 对解释变量、代际传承变量以及控制变量滞后一期的回归检验，以市净率作为企业价值代理变量的回归检验，研发投入不做行业中位数调整的代理变量的回归检验，以及对不同家族企业定义标准的敏感性测试均不改变研究结论。

续表

变量	(1) EV	(2) R&D	(3) Liab
Cur	-0.041 *** (-3.347)	0.002 (0.132)	-0.008 *** (-2.991)
Own	0.004 (0.129)	0.014 (0.199)	0.002 (0.217)
Risk	0.962 *** (7.420)	0.009 (0.048)	0.022 (0.800)
Dual	-0.057 (-0.821)	0.007 (0.062)	0.007 (0.486)
SUCC	0.073 (1.111)	-0.002 (-0.021)	0.006 (-0.456)
Huswif	0.064 (0.536)	0.315 (1.195)	0.003 (0.122)
SUCC × Huswif	0.164 ** (2.184)	0.027 ** (2.143)	0.012 ** (2.410)
Firm fixed effect	Yes	Yes	Yes
Constant	17.936 *** (9.713)	33.719 *** (10.421)	0.551 (1.394)
Obs	5 533	5 308	5 533

注：表中数据为各自变量的回归系数，括弧内数值为 t 值；*** 、** 、* 分别表示在 1%、5%、10% 显著性水平上显著。

表 6 - 2 中列（2）研发投入（R&D）与 SUCC × Huswif 的回归系数 0.027，在 5% 统计水平上显著，说明夫妻共同持股促进的代际传承会提高企业研发投入水平。其中的原因可能是，夫妻共同持股缓解的代理问题（许宇鹏，2020；许宇鹏等，2021b）以及人力资本不同程度的互补提高了家族企业对研发项目的管理能力，降低了家族对研发项目失控而可能造成控制权被稀释的担忧，从而提高其研发投入水平。

表 6 - 2 中列（3）债务特征（Liab）与 SUCC × Huswif 的回归系数 0.012，在 5% 统计水平上显著，说明了夫妻共同持股促进的代际传承促使家族企业债务更趋保守，表现为更高比重的长期负债。理由在于，为了降低代

际传承的不确定性，家族企业有动机创建较为宽松的财务环境，而且夫妻共同持股有利于维护家族声誉，家族企业及家族的良好声誉使企业更容易获得银行等债权人的支持，因此，家族企业更容易获取较长时期的融资额度。许永斌等（2014）研究发现，进入代际传承期后，家族企业资产负债率更低，长期债务比重更大。

6.3.2 股东会家族超额控制对代际传承的经济后果

为了考察股东会家族超额控制对代际传承的经济后果，建立以下待检验模型：

$$
\begin{aligned}
Eco\_con_{i,t} = {} & \alpha + \beta_1 FEO_{i,t} + \beta_2 SUCC_{i,t} + \beta_3 FEO_{i,t} \\
& \times SUCC_{i,t} + \beta_i \sum_{t=4}^{n} Control_{i,t} + u_{i,t} + \varepsilon_{i,t} \quad (6-2)
\end{aligned}
$$

其中，Eco_con 为经济后果变量，具体包括企业价值（EV）、研发投入（R&D）以及债务特征（Liab）。代际传承（SUCC）、股东会家族超额控制（FEO）以及控制变量（Control）的含义与前面一致。$u_{i,t}$ 为公司固定效应；$\varepsilon_{i,t}$ 为残差项。为了研究股东会家族控制的代际传承的经济后果，本书重点考察代际传承（SUCC）与股东会家族超额控制（FEO）交互项 SUCC × FEO 的回归结果。

表 6-3 报告了回归结果。从表 6-3 中列（1）可以看出，企业价值（EV）与代际传承（SUCC）与股东会家族超额控制（FEO）交互项 SUCC × FEO 的回归系数 -0.002，在 5% 统计水平上显著，列（2）研发投入（R&D）与 SUCC × FEO 的回归系数 0.012，在 5% 统计水平上显著，列（3）债务特征（Liab）与 SUCC × FEO 的回归系数 -0.001，在 1% 统计水平上显著[①]，这说明，股东会家族超额控制抑制的代际传承会抑制企业价值、降低

---

① 对解释变量、代际传承变量以及控制变量滞后一期的回归检验，以市净率作为企业价值代理变量的回归检验，研发投入不做行业中位数调整的代理变量的回归检验，以及对不同家族企业定义标准的敏感性测试均不改变研究结论。

研发投入水平和长期负债比重。这是因为，较高的股东会家族超额控制会扩大控股家族的私利动机，恶化家族企业代理问题，增强企业短视行为，这不仅损害了企业价值和研发投入水平，还使银行等债权人为降低信贷风险而减少长期贷款比重。

表6-3　　　　股东会家族超额控制的代际传承经济后果的回归结果

变量	(1) EV	(2) R&D	(3) Liab
Lev	-0.993 *** (-4.409)	-0.334 (-0.896)	0.286 *** (6.141)
Fixedassets	0.540 * (1.860)	0.044 (0.098)	-0.058 (-0.947)
Size	-0.761 *** (-14.293)	-1.480 *** (-15.218)	0.028 ** (2.547)
Fage	0.039 (0.387)	-0.197 (-1.128)	-0.066 *** (-2.977)
ROA	6.724 *** (12.446)	-2.903 *** (-3.132)	-0.329 *** (-2.996)
Expns	-0.007 (-0.547)	-0.069 ** (-2.321)	-0.000 (-0.030)
Cur	-0.041 *** (-3.359)	0.003 (0.159)	-0.008 *** (-3.000)
Own	0.005 (0.142)	0.014 (0.213)	0.002 (0.215)
Risk	0.960 *** (7.404)	0.006 (0.033)	0.022 (0.793)
Dual	-0.053 (-0.773)	0.002 (0.023)	0.007 (0.504)
SUCC	0.035 (0.583)	-0.010 (-0.116)	-0.004 (-0.294)
FEO	-0.005 (-0.382)	0.045 ** (1.974)	-0.001 (-0.367)

变量	(1) EV	(2) R&D	(3) Liab
SUCC × FEO	−0.002 ** (−2.117)	−0.012 ** (−2.506)	−0.001 *** (−3.081)
Firm fixed effect	Yes	Yes	Yes
Constant	17.901 *** (9.694)	33.815 *** (10.457)	0.552 (1.395)
Obs	5 533	5 308	5 533

注：表中数据为各自变量的回归系数，括弧内数值为 t 值；***、**、* 分别表示在 1%、5%、10% 显著性水平上显著。

6.3.3 家族超额董事席位对代际传承的经济后果

为了考察家族超额董事席位对代际传承的经济后果，建立以下待检验模型：

$$\text{Eco\_con}_{i,t} = \alpha + \beta_1 \text{FEB}_{i,t} + \beta_2 \text{SUCC}_{i,t} + \beta_3 \text{FEB}_{i,t}$$

$$\times \text{SUCC}_{i,t} + \beta_i \sum_{t=4}^{n} \text{Control}_{i,t} + u_{i,t} + \varepsilon_{i,t} \qquad (6-3)$$

其中，Eco_con 为经济后果变量，具体包括企业价值（EV）、研发投入（R&D）以及债务特征（Liab）。代际传承（SUCC）、家族超额董事席位（FEB）以及控制变量（Control）的含义与前面一致。$u_{i,t}$ 为公司固定效应；$\varepsilon_{i,t}$ 为残差项。为了研究家族超额董事席位的代际传承的经济后果，本书重点考察代际传承（SUCC）与家族超额董事席位（FEB）交互项 SUCC × FEB 的回归结果。

表 6-4 报告了回归结果。从表 6-4 中列（1）可以看出，企业价值（EV）与代际传承（SUCC）与家族超额董事席位（FEB）交互项 SUCC × FEB 的回归系数 0.003，在 1% 统计水平上显著，列（2）研发投入（R&D）与 SUCC × FEB 的回归系数 0.009，在 10% 统计水平上显著，列（3）债务特

征（Liab）与 SUCC×FEB 的回归系数 0.001，在 5% 统计水平上显著①。这说明，家族超额董事席位促进的代际传承提升了企业价值、研发投入水平以及长期负债比重。这是因为，较高的家族超额董事席位可以增强董事会的信托责任，降低代理成本，使董事会治理机制更为有效运行，促进家族企业长期目标视野，同时更容易获得银行等债权人的长期融资支持，而且更有利于家族独特性资源的传递，从而提升企业价值、研发投入水平以及长期负债比重。

表 6-4　　　　家族超额董事席位的代际传承经济后果的回归结果

变量	(1) EV	(2) R&D	(3) Liab
Lev	-0.996 *** (-4.438)	-0.330 (-0.882)	0.288 *** (6.180)
Fixedassets	0.461 (1.592)	0.022 (0.049)	-0.054 (-0.887)
Size	-0.760 *** (-14.313)	-1.472 *** (-15.121)	0.028 ** (2.522)
Fage	0.072 (0.715)	-0.203 (-1.159)	-0.067 *** (-3.033)
ROA	6.643 *** (12.320)	-2.942 *** (-3.170)	-0.320 *** (-2.910)
Expns	-0.008 (-0.648)	-0.065 ** (-2.195)	0.000 (0.023)
Cur	-0.042 *** (-3.409)	0.002 (0.110)	-0.008 *** (-2.956)
Own	0.010 (0.286)	0.015 (0.222)	0.001 (0.162)
Risk	0.958 *** (7.414)	-0.001 (-0.007)	0.024 (0.864)

① 对解释变量、代际传承变量以及控制变量滞后一期的回归检验，以市净率作为企业价值代理变量的回归检验，研发投入不做行业中位数调整的代理变量的回归检验，以及对不同家族企业定义标准的敏感性测试均不改变研究结论。

变量	(1) EV	(2) R&D	(3) Liab
Dual	-0.062 (-0.893)	0.011 (0.107)	0.007 (0.480)
SUCC	0.017 (0.188)	-0.160 (-1.193)	-0.032 * (-1.708)
FEB	-0.012 *** (-4.419)	-0.001 (-0.308)	0.001 * (1.733)
SUCC × FEB	0.003 *** (2.884)	0.009 * (1.825)	0.001 ** (2.011)
Firm fixed effect	Yes	Yes	Yes
Constant	17.145 *** (9.277)	33.737 *** (10.350)	0.596 (1.504)
Obs	5 533	5 308	5 533

注：表中数据为各自变量的回归系数，括弧内数值为 t 值；*** 、 ** 、 * 分别表示在 1% 、5% 、10% 显著性水平上显著。

6.3.4　家族超额经理职位对代际传承的经济后果

为了考察家族超额经理职位对代际传承的经济后果，建立以下待检验模型：

$$\text{Eco\_con}_{i,t} = \alpha + \beta_1 \text{FEM}_{i,t} + \beta_2 \text{SUCC}_{i,t} + \beta_3 \text{FEM}_{i,t}$$
$$\times \text{SUCC}_{i,t} + \beta_i \sum_{t=4}^{n} \text{Control}_{i,t} + u_{i,t} + \varepsilon_{i,t} \quad (6-4)$$

其中，Eco_con 为经济后果变量，具体包括企业价值（EV）、研发投入（R&D）以及债务特征（Liab）。代际传承（SUCC）、家族超额经理职位（FEM）以及控制变量（Control）的含义与前面一致。$u_{i,t}$ 为公司固定效应；$\varepsilon_{i,t}$ 为残差项。为了研究家族超额经理职位的代际传承的经济后果，本书重点考察代际传承（SUCC）与家族超额经理职位（FEM）交互项 SUCC × FEM 的回归结果。

表6-5 报告了回归结果。从表6-5中列（1）可以看出，企业价值
（EV）与代际传承（SUCC）与家族超额经理职位（FEM）交互项 SUCC ×
FEM 的回归系数 0.002，在1% 统计水平上显著，列（2）研发投入（R&D）
与 SUCC × FEM 的回归系数 0.005，在5% 统计水平上显著，列（3）债务特
征（Liab）与 SUCC × FEM 的回归系数 0.001，在5% 统计水平上显著。这说
明，家族超额经理职位促进的代际传承提升了企业价值、研发投入水平以及
长期负债比重。这是由于，家族董事与家族经理的利益趋同效应（Jensen
and Meckling，1976）以及家族成员在重要岗位的涉入可以降低家族企业的
代理成本，同时家族成员的集合股权意识使家族成员可以为企业长期生存目
标而愿意牺牲自己的短期利益（Carney，2005；Glover and Reay，2015），也
更容易获得银行等债权人的长期融资支持，而且更有利于家族独特性资源的
传递，从而提升企业价值、研发投入水平以及长期负债比重。

表6-5　　　　家族超额经理职位的代际传承经济后果的回归结果

变量	(1) EV	(2) R&D	(3) Liab
Lev	-0.991 *** (-4.409)	-0.332 (-0.889)	0.287 *** (6.156)
Fixedassets	0.508 * (1.749)	-0.002 (-0.004)	-0.057 (-0.937)
Size	-0.760 *** (-14.285)	-1.475 *** (-15.168)	0.028 ** (2.551)
Fage	0.041 (0.405)	-0.197 (-1.130)	-0.065 *** (-2.967)
ROA	6.650 *** (12.307)	-2.932 *** (-3.162)	-0.328 *** (-2.986)
Expns	-0.008 (-0.669)	-0.067 ** (-2.260)	-0.000 (-0.006)
Cur	-0.040 *** (-3.265)	0.003 (0.191)	-0.008 *** (-2.991)
Own	0.009 (0.263)	0.021 (0.306)	0.002 (0.213)

续表

变量	(1) EV	(2) R&D	(3) Liab
Risk	0.963 *** (7.434)	0.006 (0.030)	0.023 (0.823)
Dual	0.013 (0.178)	0.070 (0.625)	0.005 (0.336)
SUCC	0.009 (0.095)	−0.138 (−0.975)	−0.021 (−1.048)
FEM	0.006 ** (−2.534)	0.006 * (−1.684)	0.001 (0.563)
SUCC × FEM	0.002 *** (3.621)	0.005 ** (2.289)	0.001 ** (2.093)
Firm fixed effect	Yes	Yes	Yes
Constant	17.662 *** (9.565)	33.547 *** (10.364)	0.555 (1.402)
Obs	5 533	5 308	5 533

注：表中数据为各自变量的回归系数，括弧内数值为 t 值；***、**、* 分别表示在 1%、5%、10% 显著性水平上显著。

6.4 本章小结

为保持研究的完整性，本书进一步讨论了家族权力配置对代际传承产生影响的经济后果。借鉴以往的研究成果，本书重点考察企业价值、研发投入以及债务特征三个经济后果变量。选择 2008 ~ 2016 年中国家族上市公司为研究对象，实证检验发现，夫妻共同持股产生的代际传承提升了企业价值和研发投入水平，改善了债务结构；股东会家族超额控制产生的代际传承抑制了企业价值和研发投入水平，并恶化了债务结构；家族超额董事席位以及家族超额经理职位产生的代际传承提升了企业价值和研发投入水平，改善了债务结构。回归结果均支持了上述研究结论。

| 第 7 章 |

研究结论与启示

7.1　研究结论与讨论

家族企业对中国资本市场的影响深远，在我国新时代经济发展具有举足轻重的地位。在未来 5～10 年中国家族企业将处于代际传承高峰期的背景下，叠加独特文化植入下家族企业"创一代"特质的不可传递与难以替代性以及传承中"老臣"与"少主"特殊利益关系处理导致的我国家族企业代际传承的复杂性，如何破解家族企业的代际传承困境，对新时代中国经济平稳发展具有重要的现实意义。与此同时，作为一个长期社会化的过程，代际传承通常需要维持较长的周期，诠释家族企业代际传承早期阶段的行为特征成为其中的一个重要环节。然而，已有文献对代际传承早期阶段这一家族企业发展重要时期的研究仍显不足。对此，有学者呼吁进一步深入研究家族企业代际传承早期阶段的行为特性，为破解家族企业的"传承之谜"贡献学术力量。家族权力配置是实现家族企业代际传承的重要前置因素，在很大程度上蕴涵了代际传承早期阶段的行为特征，从家族权力配置的视角解释代际传承的内生逻辑以及正式制度和非正式制度的作用边界，对破解中国家族企业传承困境具有重要的理论价值。

基于此，本书从家族所有权和控制权结构的多维视角系统解构家族企业的权力配置，同时以家族权力配置作为切入点，探究夫妻共同持股和家族超额控制对代际传承的影响机理，并从正式制度（地区市场化水平）和非正式制度（地区社会信任水平）的双重视角揭示其理论边界。以 2008 ~ 2016 年中国家族上市公司为研究对象的实证研究表明，夫妻共同持股的治理方式可以促进家族企业代际传承偏好，股东会家族超额控制会抑制代际传承倾向，家族超额董事席位、家族超额经理职位则能够激励代际传承倾向；机制检验发现，夫妻共同持股、家族超额董事席位以及家族超额经理职位可以抑制企业代理成本，而股东会家族超额控制则加剧了代理问题。研究还发现，地区市场化水平和地区社会信任水平会缓解股东会家族超额控制对代际传承的抑制效应，增强夫妻共同持股、家族超额董事席位、家族超额经理职位对代际传承的激励效应。基准回归结果、工具变量和 PSM 内生性检验、关键变量替代或不同家族企业定义的敏感性测试均支持了上述研究结论。基于研究的完整性，本书还考察了家族权力配置产生的代际传承的经济后果，研究发现，夫妻共同持股、家族超额董事席位以及家族超额经理职位产生的代际传承提升了企业价值和研发投入水平，改善了债务结构；股东会家族超额控制产生的代际传承抑制了企业价值和研发投入水平，并恶化了债务结构。

本书的研究贡献主要有以下四点：第一，以中国新兴市场为背景，比较系统地解构了家族企业的权力配置，从而拓展并深化家族企业异质性假定。第二，融合委托代理理论、资源基础理论、社会情感财富理论以及公司治理文献，研究了家族权力配置对代际传承的内生机制，拓展和深化家族企业代际传承"早期阶段"行为特征的相关研究，进而为破解家族企业代际传承困境提供新的研究视角。第三，基于地区正式制度特征差异和非正式制度特征差异的双重视角，研究家族权力配置对代际传承影响效应的差异，进一步挖掘新时代转轨经济和新兴市场背景下代际传承的正式制度和非正式制度诱因。第四，从企业价值、研发投入和债务特征的多个角度，利用"大样本"数据实证检验家族企业代际传承的经济后果，进一步拓展和深化家族企业为实现代际传承进行家族治理结构安排的经济后果。

本书的研究不足在于，因为无法直接观察到代际传承过程中的机制变化，所以本书提供的是间接证据；由于将代际传承局限于创始人传承，因而无法避免家族企业是主动还是被动地进行代际传承，进而可能产生分析偏误。未来研究可以探索家族权力配置的其他深层逻辑，例如创始人，还可以进一步探究其对企业投资决策的影响。

7.2　家族治理机制优化对策

考虑新时代转轨经济和新兴市场的特定情景，一方面，结合家族企业战略成长和代际传承的制度需求特征，从国家制度层面来看，对建立与完善"支持民营企业发展""鼓励更多社会主体投身创新创业"的宏观制度平台提出政策建议，进一步落实"加快完善社会主义市场经济体制"的指导精神；另一方面，从企业内部机制运行的角度提出完善家族企业公司治理机制运行的管理建议。

7.2.1　宏观制度平台建设优化对策

（1）家族权力配置对代际传承的异质性效应为构建与完善上市公司分类监管制度提供启示。企业异质性特征获得广泛认同。这意味着不同企业之间的行为及经济后果存在差异性。它不仅表现在家族企业与非家族企业之间，也表现在家族企业之间，甚至家族企业之间呈现更显著的差异性。包括家族企业在内的国内企业正处于转轨经济制度背景中，且国内地区间的市场化进程仍然很不平衡，更加增添了企业行为不确定性，从而不断增加上市公司监督难度。此外，以新股发行制度改革为突破口的国内资本市场改革获得进一步深化与发展，上市公司监管机构持续承受来自上市公司群体日益庞大与资本市场规模及层次扩容的现实压力。这些方面均凸显上市公司监管机构对上市公司实施差异化监管措施的必要性、紧迫性。事实上，建立、执行上市公司分类监管制度仍是保障中国资本市场健康、有序发展的一项必要且行之有效的重要举措。它可以有效提高监管效果及执行效率，切实保护中小投资者利益，为资本市场良性发展保驾护航。就其具体操作而言，一些政府机构制定的分类监管制度具有一定的借鉴意义。实际上，已有一些政府管理部门已建立起其所监管行业的分类管理制度或办法。例如，国家外汇管理局联合国家税务总局和中国海关于 2012 年对进出口收付汇的企业实施 A、B、C 三类分类管理制度。这在打击虚假贸易融资中的外汇资金流入等违规或非法行为、维持人民币汇率健康运行、降低企业经营风险等诸方面均获得显著成效。类似地，为保障国家进出口贸易安全和企业贸易便利，中国海关也于2011 年实施海关企业分类管理办法。这在打击走私等违法行为，维护进出口企业正常贸易，提高进出口货物通关速度以及促进对外贸易良性发展提供了有益保障。因此，按一定标准构建分类监管办法具有现实意义，具有可操作性，例如，按地区、行业、公司治理结构要素、盈余状况、企业规模或按多要素综合指数等方法构建分类监管标准。

（2）市场化和社会信任对代际传承的激励效应的研究结论提供了建立、健全鼓励企业发展的法律制度或规范性条例的启示。第一，健全并实施以产权保护为核心的产权制度，建立从立法到执行的系统性保障体制。就国内现状而言，经过几十年的社会主义市场经济体制建设，中国已初步确立私有产权保护制度，但仍需不断地加强私有产权保护精细化、制度化建设，更重要的是执行国内统一的法律、法规等规范性制度，对私有产权保护从立法层面一直延伸到全面实施层面，从而为企业创新、创业提供完整而有效的制度保障。第二，建立、健全国家层面要素市场，务实推进跨地区创新资源的自由流动，切实消除地方保护主义壁垒，不断提高资源配置效率，逐步实现市场机制在配置资源中起"决生性作用"目标。第三，进一步完善公司治理的相关制度。这些制度不仅应该包括对上市公司外部治理结构要素，而且也应包含促进企业内部治理机制改善措施，例如，债务人治理制度、中介机构规范制度以及企业内部治理机制的监督、执行制度。第四，真正建立、完善职业经理人制度。例如，建立全国范围内职业经理人诚信档案制度，增强职业经理人任职及任职期间岗位或服务企业变动状况的信息透明度，加大对职业经理人非职业道德行为的惩戒力度。

7.2.2　微观公司治理机制运行优化对策

（1）家族企业应当慎用以家族为核心的家族控制体系，并应适时、适度地推行职业经理人制度，维护家族企业基业长青的基础。家族成员参与企业经营管理在一定程度上可以有效降低代理风险，然而，在一定程度上也会阻碍企业战略成长。家族成员的管理参与可能导致家族自我控制问题而恶化代理问题（Schulze et al.，2003），并对职业经理人产生程度不等的管理压力，最终影响企业战略发展。而经理人制度确实有助于提升企业绩效（Lien and Li，2014），合理的经理人制度通常能够突破家族成员管理资源瓶颈约束，带来管理者学习效应，利于企业长期经营与发展。因此，在合理范围内，理性平衡好家族权力配置与职业经理人聘任范围、职位阶梯之间的潜在冲突，并在充分结合自身实际发展需要与管理状况基础之上，有计划、按步骤地推进企业管理团队职业化及市场化建设，逐步建立、健全对家族管理人员及职业经理人"一视同仁"的内部管理体系以及利于职业经理人生存与发展的内部软环境，持续推动家族企业的管理改善与长期发展，同时也为家族代际传承提供扎实的土壤。

（2）构筑适合企业自身特点需求的内部治理机制，建立、健全企业内部制度创新平台，扎实代际传承的顺利交接基础，并带动企业战略成长。一方面，逐渐通过所有权、控制权等公司治理机制的结构性创新，家族企业建立、健全适应其发展阶段特征、自身管理需求、以企业整体利益为目标导向的治理机制，提升自身创新水平与强化市场创新主体意识，从而为其创新提供企业层面的长期制度激励。另一方面，应建立鼓励员工创新的经营系统，并借此重视培养承载创新精神的组织文化，提高实施企业内部创新的激励机制，将企业创新活动真正地分解、落实到每个员工、每步工作流程之中。

（3）应不断加强家族企业控股股东的自律行为，合理平衡好家族利益与企业利益之间的关系。大股东往往利用其控股股东地位而侵害中小股东的利益（李增泉等，2005），而家族利益又镶嵌、缠绕于企业利益之中。就中国家族企业而言，若要顺利实现家族传承意图、保持基业长青以及家族控制合法性地位，需不断加强自律行为，尤其是需要合理平衡好社会情感财富目标和经济目标之间的关系，在为企业创造价值的同时，理性谋求家族社会情感财富利益不失为适宜之选择。更重要的是，切不可一味地为了保护家族社会情感财富而损害家族企业自身的长期发展，从而影响创新激情与企业长远发展，进而损害家族企业代际传承。

附　录

附表1　　　　　　　　**家族权力配置与企业绩效的主要文献**

文献	研究样本	度量指标	主要研究结论
Panel 1. 家族企业绩效表现优于非家族企业			
Andersonand Reeb (2003b)	1992～1999年美国S&P 500指数403家上市公司	Tobin's Q、ROA	在法律保护程度高以及市场透明度高的国家或地区,家族上市公司绩效显著高于非家族上市公司;家族成员担任CEO时,公司绩效显著优于职业经理人担任CEO
Barontini and Caprio (2006)	欧洲11国675家上市公司	Tobin's Q、ROA	没有证据表明家族控制抑制企业绩效,创始人或担任非执行董事的家族后代控制企业时,家族上市公司绩效显著高于非家族上市公司;家族后代担任CEO时,家族企业与非家族企业之间的绩效没有显著性差异
Lee (2006)	1992～2002年美国S&P 500指数403家上市公司	雇佣水平、销售增长率、利润率	家族企业较非家族企业具有更高的雇佣水平、销售增长率和利润率;家族成员参与高层管理显著提升企业绩效
Maury (2006)	西欧13国1 672家上市公司	Tobin's Q、ROA	相较于非家族上市公司,家族控制提高企业价值,其超额价值主要源于股东权益保护制度;积极的家族控制提升家族企业获利能力
Villalonga and Amit (2006)	1994～2000年美国《财富》500中的508家公司	Tobin's Q	创始人担任CEO或董事长促使家族上市公司价值高于非家族上市公司,家族后代担任董事长或CEO则损害企业价值
Bloom and Reenen (2007)	732家美国、法国、德国以及英国的中型制造企业	TFP/ROCE、Tobin's Q	管理水平显著影响企业绩效,家族嫡长子继承企业的管理水平及绩效表现均显著较差

文献	研究样本	度量指标	主要研究结论
Panel 1. 家族企业绩效表现优于非家族企业			
Sraer and Thesmar（2007）	1994～2000 年 2 973 家法国上市公司	ROA、 M/B Value	家族上市公司绩效显著高于非家族上市公司，创始人、职业经理人以及家族后代控制时，结论均成立
Martínez et al.（2007）	1995～2004 年 175 家智利上市公司	Tobin's Q、 ROA、 ROE	家族上市公司绩效显著高于非家族上市公司
许永斌和郑金芳（2007）	2004～2005 年 654 家中国家族上市公司	综合绩效指标	控制权取得的不同途径影响企业绩效，控股家族积极参与企业经营提升企业绩效
Fahlenbrach（2009）	1992～2002 年 2 327 家美国公司及 3 633 位 CEO	Tobin's Q、 股票收益率	创始人担任 CEO 的公司具有显著更高的企业价值及股票收益率；公司更可能开展与核心业务相关的并购、R&D 投入以及资本投入
Kowalewski et al.（2010）	1997～2005 年 217 家波兰上市公司	ROE、ROA、 oROA	家族担任 CEO 与企业绩效显著正相关
Chu（2011）	2002～2007 年 786 家台湾地区上市公司	ROA	家族担任 CEO、家族经理人员、家族董事提升家族所有权对企业绩效的正向作用
Swamy（2012）	2008～2010 年 83 家印度非上市小型企业	ROA、ROE	家族控制显著提升企业绩效
Pukthuanthong et al.（2013）	1999～2007 年 158 家加拿大上市公司	Tobin's Q、 EBIDTA、 Net income	家族控制机制提高企业价值，创始人担任 CEO 的企业绩效显著优于家族后代担任 CEO
邵帅和吕长江（2015）	2004～2012 年 4 536 个 A 股民营上市公司	ROA、 ROE、 Tobin's Q	实际控制人直接持股提升企业价值

文献	研究样本	度量指标	主要研究结论
Panel 2. 家族企业绩效表现劣于非家族企业			
Morck et al. (2000)	1988 加拿大 Financial Post 500 中的 246 家公司	资本投入率、R&D 投入	家族控制导致家族堑壕效应而不是创造企业价值,家族控制的大型企业导致更低的国家经济增长及更低的企业创新投入
Cronqvist and Nilsson (2003)	1991~1997 年 309 家瑞典上市公司	Tobin's Q、ROA	家族控制的两权分离显著降低企业价值
Barth et al. (2005)	1996 年挪威工商联的 438 家公司	TFP	家族企业生产率低于非家族企业,由家族成员管理的家族企业的生产率更低
Pérez-González (2006)	1994 年 4 668 家美国上市公司	ROA、M/B	创始人后代继任 CEO 会损害公司经营利润及市场价值
Bennedsen et al. (2007)	1994~2002 年 5 334 家丹麦上市及非上市公司	ROA、M/B	家族担任 CEO 大幅损害企业价值,家族传承 CEO 至少降低4%的企业经营利润
Cucculelli and Micucci (2008)	1994~2004 年 229 家意大利中小企业	ROA、ROS	家族后代继承管理权会降低企业绩效
Sacristán-Navarro et al. (2011)	2002~2008 年 117 家西班牙非金融上市公司	ROA	家族成员管理或担任董事长抑制企业绩效
Panel 3. 家族企业与非家族企业绩效差异的综合			
Villalonga and Amit (2006)	1994~2000 年美国《财富》500 中的 508 家公司	Tobin's Q	家族企业价值是否优于非家族企业取决于由家族控制变量(家族所有权、家族控制、家族管理)界定的家族企业定义
Miller et al. (2007)	1996~2000 年美国《财富》1000 中 896 家及 100 家小型公司	Tobin's Q	家族上市公司的价值是否优于非家族企业取决于家族企业的定义、样本特性
Andres (2008)	1998~2004 年 275 家德国上市公司	EBITDA、EBIT、Tobin's Q	仅当创业家族积极参与经营或担任执行董事时,家族上市公司绩效显著高于其他股权分散的上市公司;若家族只是大股东而不担任执行董事,家族上市公司与其他公司并没有显著差异

文献	研究样本	度量指标	主要研究结论
Panel 3. 家族企业与非家族企业绩效差异的综合			
陈志斌等 (2017)	2012~2014年创业板和中小企业板的A股家族上市公司	Tobin's Q	对中小家族企业来说，家族管理可以降低代理成本和提高执行效率，可能促进企业价值，但会降低决策效率而损害企业价值。
Hamadi (2010)	1991~1999年145家比利时上市公司	Tobin's Q	家族控制与企业绩效显著正相关；控制家族关注集合投票权时，家族控制与企业绩效显著负相关
Block et al. (2011)	1994~2003年1 915家美国S&P 500上市公司	M/B Value	家族企业定义不同，家族控制呈现不同的作用；家族所有权提升企业绩效，家族管理抑制企业绩效
Jiang and Peng (2011)	744家东亚8国上市公司	股票收益率	没有确切的证据能够证明家族企业通常就是"好的""坏的"或是"无关的"

资料来源：笔者根据相关文献整理。

附表2　　　　　　　　　**家族权力配置与企业行为的主要文献**

文献	研究样本	度量指标	主要研究结论
Panel A. 家族权力配置与投资决策（M&A，兼并、收购）			
Basu et al. (2009)	1993~2000年2 633家美国IPO公司	CAR	持有较低家族所有权的兼并方产生的并购价值比持有较高所有权的要显著更低，且兼并方更可能利用现金流中介机制以避免控制权被稀释；被兼并方的家族所有权越低，并购价值越高
Fahlenbrach (2009)	1992~2002年2 327家美国公司及3 633位CEO	R&D强度/资本支出率、M&A次数及金额占资产比重	创始人担任CEO的公司，具有显著更高的研发投入及资本支出，更多的兼并、收购活动
Feito-Ruiz and Menéndez-Requejo (2010)	2002~2004年欧洲15国124家上市公司及世界23国124家上市公司	CAR	家族所有权显著提高股东M&A价值，当控股所有权达32%时，则抑制M&A价值
Andres (2011)	1997~2004年法国264家上市公司	I/K	创始人担任CEO的公司，具有显著更低的外部融资约束，其投资行为更多地依赖于投资机会，而更少地考虑现金流量

文献	研究样本	度量指标	主要研究结论
Panel A. 家族权力配置与投资决策（M&A，兼并、收购）			
Shim and Okamuro (2011)	1949 ~ 1965 年日本 1 359 家上市公司	是否兼并	家族企业较非家族企业更少兼并，家族所有权越高，兼并的可能性越大；家族企业兼并收益较非家族企业更低
Caprio et al. (2011)	1998 ~ 2002 年欧洲 777 家上市公司	M&A 概率、事件日 CAR、被 M&A 概率	家族企业较非家族企业更少地进行 M&A，尤其是家族股东没有完全控制企业时；被 M&A 企业的并购与家族第一大股东投票权呈非线性关系；家族控制降低无关第三方的 M&A 行为
陈德球等 (2012)	2002 ~ 2008 年家 1 179 中国家族上市公司	公司资本投资水平	家族超额控制程度越高，企业投资决策越偏离最优投资决策，公司投资与股价的敏感度越低
Panel B. 家族权力配置与融资决策			
Poutziouris (2001)	英国 240 家中小规模非上市企业	融资结构	家族企业更多地依赖内源融资，不偏好以控制权稀释为代价的股权融资
Romano et al. (2001)	澳大利亚、美国及欧洲、亚洲 1 059 份问卷调查	负债决策	优序融资理论解释小型家族企业的融资行为，小型家族企业的内源融资与其维持控制权相关
Anderson and Reeb (2003a)	1993 ~ 1999 年美国 S&P 500 指数 319 家上市公司	长期负债比率	家族企业的负债水平与非家族企业不具有显著的差异性
Anderson et al. (2003)	1993 ~ 1998 年美国 S&P 500 指数 252 家上市公司	信贷价差	家族企业的债务成本较非家族企业显著更低
Ellul (2008)	1992 ~ 2006 年 38 个国家 5 975 家小型上市公司	资产负债率、市场负债率	相对于非家族上市公司，家族上市公司的负债水平显著更高
López-Gracia and Sánchez-Andújar (2007)	1997 ~ 2004 年西班牙 858 家上市公司	资产负债率	权衡理论及优序融资理论可以解释家族企业的融资决策；成长机会、财务困境成本及其内部资源是家族企业区别于非家族企业财务行为的要素

续表

文献	研究样本	度量指标	主要研究结论
Panel B.　家族权力配置与融资决策			
韩亮亮和李凯（2008）	2003～2005年中国91家民营上市公司	资产负债率、流动负债率	终极股东控制权一致性与总资产负债率、流动负债率显著正相关，终极股东控制权/现金流权的偏离度与总资产负债率、流动负债率显著负相关
Shyu and Lee（2009）	2002～2006年台湾地区611家上市公司	1年内到期的借款比率	家族控制权和现金流量权的两权分离度与短期借款期限显著负相关
Croci等（2011）	1998～2008年欧洲777家大型上市公司	资产负债率、短期负债/总资产、长期负债/总资产	相对于非家族企业，家族企业更倾向债务融资而不是权益融资
Kuo and Hung（2012）	1999～2008年台湾地区1 115家上市公司	实物投资	家族控制减少信息不对称而降低投资现金流的敏感性；家族超额控制程度越高，投资现金流的敏感性越强；缺少独立董事时，家族控制影响投资现金流的敏感性
陈德球等（2013a）	2003～2010年家1 929中国家族上市公司	信用借款比率、公司债务违约	家族超额控制程度越高，企业的银行信用借款比例越低，担保借款比例越高
Ampenberger et al.（2013）	1995～2006年德国660家上市公司	资本结构的6个代理变量	家族上市公司的负债水平较非家族企业要低；创始人担任CEO抑制企业负债率
Schmid（2013）	1995～2009年德国695家及21国4 007上市公司	利息/总负债、利息/股权市场价值	德国家族企业负债水平低于非家族企业，而其他国家的家族企业负债水平则高于非家族企业；家族企业负债水平的高低取决于特定制度环境中债权人的监管力度
陈建林（2015）	2007～2011年4 125个民营上市公司	债务融资比率	对债务融资来说，终极控制权与现金流量权之两权分离度与非控股国有股权具有互补效应
Panel C.　家族权力配置与股利决策			
邓建平和曾勇（2005）	2001～2002年157家中国家族上市公司	是否现金分红、每股现金股利、非理性分红概率	控股家族现金流量权与现金分红比例、非理性分红概率显著正相关；控制权与现金流量权分离度与现金分红比例、非理性分红概率显著负相关；控股家族利用股利决策调控净资产收益率以达到监管层再融资要求

续表

文献	研究样本	度量指标	主要研究结论
Panel C. 家族权力配置与股利决策			
Chen et al. (2005)	1992～1998 年香港地区 412 家上市公司	股利支付率、股息率	小型家族企业中，10% 以下的家族所有权与股利支付负相关，10%～35% 的家族所有权与股利支付正相关
Hu et al. (2007)	2000～2005 年美国 S&P 500 指数 2 227 家上市公司	与股利支付相关的 8 个代理变量	家族企业股利支付水平高于非家族企业；家族积极参与管理的家族企业股利支付率低于其他企业
Setia-Atmaja et al. (2009)	2000～2005 年澳大利亚 1 530 家上市公司	股利支付率、资产负债率、独董比率	相对非家族企业，家族企业的股利支付率及负债水平更高，独立董事占比更低
Schmid et al. (2010)	1995～2006 年德国 660 家上市公司	与股利支付相关的 6 个代理变量	家族企业的股利支付意愿及支付水平均高于非家族企业
De Cesari (2012)	1999～2004 年意大利 176 家上市公司	与股利支付相关的 6 个代理变量	控股股东的现金流量权与股利支付负相关，控制权与现金流量权的分离度与股利支付正相关
魏志华等 (2012)	2004～2008 年 1 378 家中国上市公司	股利支付意愿股利支付水平	中国家族上市公司具有相对消极的股利分配政策
Panel D. 家族权力配置与信息披露			
上海证券交易所研究中心 (2005)	2002～2004 年被证监会上交所处罚的上市公司	是否被处罚	民营上市公司信息披露违规较非民营上市公司严重，且重复违规比例更高
Ben Ali et al. (2007)	2000 年法国 86 家上市公司	年报质量高低	相对非家族企业，家族控制导致更低的信息披露质量
Tong (2007)	1992～2003 年美国 S&P 500 中 3 054 个	报告自由度指标	家族企业财务报告信息披露质量优于非家族企业
Hutton (2007)	1992～2002 年美国 S&P 500 中 177 家上市公司	5 个盈余质量代理变量	家族企业信息披露质量优于非家族企业

文献	研究样本	度量指标	主要研究结论
Panel D. 家族权力配置与信息披露			
Chen et al. (2008)	1996 ~ 2000 年美国 S&P 500 中 1 311 家上市公司	管理层预测	家族上市公司较非家族上市公司更少地发布盈利预测及召开电话会议，但更多地发布盈余预警
Anderson et al. (2009)	2001 ~ 2003 年美国 5 609 家大型上市公司	不透明指数	为攫取控制权私利，大型家族上市公司的信息披露质量低于非家族上市公司
Panel E. 家族权力配置与盈余质量			
Wang (2006)	1994 ~ 2002 年 S&P 500 中 542 家上市公司	3 个盈余质量代理变量	相对非家族企业，家族企业盈余质量更高，即更低的超额应计项目，更多的盈余信息，更少的暂时性盈余
Ali et al. (2007)	1998 ~ 2002 年美国 S&P 500 中 500 家上市公司	4 个盈余质量代理变量、5 个信息披露代理变量	家族企业盈余质量高于非家族企业，更愿意发布坏消息公告，但更少地发布公司治理信息
Prencipe et al. (2008)	2001 ~ 2003 年意大利 44 家上市公司	研发资本化虚拟变量	相对非家族企业，家族企业更少地利用盈余管理平滑业绩波动，但更可能运用盈余管理规避债务契约风险
许静静和吕长江 (2011)	2004 ~ 2007 年 592 个中国家族上市公司	异常应计模型：总应计/总资产	家族成员出任高管的家族企业具有更高的盈余质量
Ding et al. (2011)	2003 ~ 2006 年 1 642 家中国家上市公司	累积市场调整收益	相对非家族企业，家族企业的盈余质量更差，中国家族上市公司会计收益信息含量更少，会计政策采用更为激进
Martin et al. (2014)	1992 ~ 1999 年美国 S&P 500 中 1 149 家上市公司	修正的 Jone 模型	相对非家族企业，家族企业考虑潜在的信誉风险而更多地进行盈余管理；创始人家族企业较其他家族企业更少地进行盈余管理
Panel F. 家族权力配置与其他公司行为			
Anderson and Reeb (2004)	1993 ~ 1998 年美国 S&P 500 中 403 家上市公司	Tobin's Q、EVA	所有公司中，具有更高称职独立董事比例的家族企业市场价值更高；独立董事有助于减少控股家族与外部股东间的利益冲突
Klasa (2007)	1984 ~ 1998 年美国 84 个出让股权的家族上市公司及其配对样本	是否出让股权	控股家族出让股权的动机研究中，最优风险承受假设、两权分离假设、缺乏家族传承假设、外部大股东监督假设获得验证，择时假设没有通过验证

续表

文献	研究样本	度量指标	主要研究结论
Panel F. 家族权力配置与其他公司行为			
Hillier and McColgan（2009）	1992～1998 年英国 3 681 个上市公司	CEO 更换	家族企业存在高度的董事会控制及内部治理机制的潜在失效缺陷，家族 CEO 离职对企业绩效的负面影响较非家族 CEO 更低
姚瑶和逢咏梅（2009）	截至 2006 年 12 月 31 日，沪深 A 股 906 家实施股改的上市公司	对价比率	家族企业股改支付的对价水平显著低于非家族企业；家族企业中，直接上市和聘任职业经理人管理的家族企业，其对价支付水平更低
Speckbacher and Wentges（2012）	2004 年澳大利亚 304 家中小型企业调查数据	BSC	作为一项独特的公司治理特征，创始家族成员担任高管使其在战略目标设定和激励实施中更少地运用绩效工具这类控制机制
Chen et al.（2014）	2000 年 80 个国家和地区 6 950 家企业	3 年销售增长率、3 年员工增长率	相对非家族企业，家族企业的销售增长率更低、雇佣水平更高，不利的法律环境抑制上述效应
Liu et al.（2015）	2004～2011 年 201 家家族企业及 982 家非家族企业	现金及其等价物与总资产之比	家族超额控制（两权分离度）越大，家族企业持有越高的现金流量；持有现金流目的是实施隧道行为，而非投资或股利分配
蔡地等（2016）	2004～2012 年 12 244 个 A 股上市公司	捐赠倾向、捐赠规模	相较非家族控制的上市公司，家族控制上市公司慈善捐赠的可能性更高，且捐赠额度更大

资料来源：笔者根据相关文献整理。

附表 3　　　　　　　　　**家族企业创新行为主要文献**

文献	研究样本	度量指标	主要研究结论
Panel 1. 家族企业激励 R&D 投入			
Fahlenbrach（2009）	1991～2001 年 2 327 个美国大型上市公司	R&D/总资产	创业 CEO 公司的 R&D 投入高于非创业 CEO 公司
陈爽英等（2010）	2005 年 673 家民营企业全国工商联调查数据	R&D/营业收入	民营企业家银行关系资本、协会关系资本显著增强民营企业研发投资倾向，而协会关系资本显著提升研发投资强度，而政治关系抑制研发投资倾向及研发强度

文献	研究样本	度量指标	主要研究结论
Panel 1. 家族企业激励 R&D 投入			
Block et al.（2013）	1994～2003 年 8 473 个美国 S&P 500 上市公司	R&D/营业收入取对数	控制 R&D 投入后，创始 CEO 管理的家族企业较其他企业具有更多专利，而家族管理企业较非家族企业产生更少专利
Ashwin et al.（2015）	172 家印度制药企业	R&D/营业收入	家族所有权、家族 CEO 或家族董事促进 R&D 投入
Panel 2. 家族企业抑制 R&D 投入			
Morck et al.（2000）	1988 年 246 家加拿大金融邮报 500 强上市公司	R&D/营业收入	家族继承企业的创新水平较其他企业更低，R&D 投入水平也更低
Croci et al.（2011）	1998～2008 年 777 欧洲大型上市公司	R&D/市场价值	家族企业较非家族企业更少的投资用于风险大的 R&D 投入，而非低风险及固定资产资本投资
Muñoz-Bullón and Sanchez-Bueno（2011）	2004～2009 年 736 家加拿大上市公司	R&D/总资产	家族企业 R&D 投入水平较非家族企业更低
Munari et al.（2010）	1996 年 1 000 家欧洲大陆上市公司	R&D/营业收入	较高的家族所有权与 R&D 投入显著负相关
Anderson et al.（2012）	2003～2007 年 8 413 个美国上市公司	R&D/总投资	家族企业较非家族企业更少地分配财务资源于 R&D 投入，更多地配置于资本投资
陈凌和吴炳德（2014）	2008 年 836 个全国民营企业抽样调查数据	研发资金取对数	市场化水平或企业负责人学历水平较高时，家族企业 R&D 投入增幅低于非家族企业
唐清泉等（2015）	2008～2012 年 1 648 个中国家族上市公司	R&D/营业收入	家族企业风险回避倾向抑制 R&D 投入
Cao et al.（2015）	1997 年 1 654 个全国社会科学院调查数据，2002 年和 3 258 个全国民营企业抽样调查数据	R&D/营业收入	更少的子女影响创业家族企业上市期望，降低再投资率及 R&D 投入水平

文献	研究样本	度量指标	主要研究结论
Panel 4. 公司治理机制的融合			
Chen and Hsu (2009)	2002～2007年1 845个台湾地区电子行业上市公司	R&D/营业收入	家族所有权抑制R&D投入，董事长和CEO领导权结构分离或拥有更多外部董事席位时，高比例家族所有权增强R&D投入
Block (2012)	1994～2003年154家美国S&P 500上市公司	R&D/营业收入	家族所有权抑制R&D投入；创始者股权与R&D投入强度及其使用效率显著正相关
严若森和叶云龙 (2014)	2008～2011年1 492个中国家族上市公司	R&D/总资产	家族所有权抑制企业R&D投入，而家族管理涉入则激励企业R&D投入
Sciascia et al. (2015)	2000～2006年240家意大利公司	R&D/营业收入	家族所有权与RD投入强度取决于家族财富与企业股权的重叠程度，若家族财富与企业股权高度重叠，两者为负相关，否则两者呈正相关
Gomez-Mejia et al. (2014)	2004～2009年2 353个美国高技术家族上市公司	R&D/营业收入	家族企业R&D投入低于非家族企业，机构投资者股权、相关多元化以及绩效风险则促使家族企业R&D投入
Panel 5. 跨学科理论的融合			
Chrisman and Patel (2012)	1998～2007年1 659个美国S&P 1 500上市公司	经当年度行业修正的R&D/营业收入	家族企业R&D投入低于非家族企业；期望绩效与实际绩效差异越大，家族企业R&D投入增幅越高于非家族企业
Patel and Chrisman (2014)	1996～2005年7 341个美国S&P500、S&P MidCap400、S&P SmallCap 600家族上市公司	R&D/营业收入	期望绩效高于实际绩效时，家族目标与企业经济目标的融合使家族企业R&D投入水平高于非家族企业，其R&D投入的波动性也更小
Kotlar et al. (2014)	2000～2006年995个西班牙SEPI调查数据	R&D变动率	非经济目标导向使家族企业R&D投入最小化，而在多重目标情形下（如维持对企业的控制目标、利润目标），家族企业增加R&D投入；家族管理者根据供应商的谈判能力形成独特的参照点，用于评估对管理权的外部阻碍程度；利润和控制目标的重要性有其先后逻辑顺序，因此，当利润参照点目标达成时，家族企业通过增加R&D投入，减少对供应商的依赖，从而更加强化与供应商的谈判能力

文献	研究样本	度量指标	主要研究结论
Panel 6. 数据不同来源的融合			
Schmid et al. (2014)	1995～2005 年 2 486 个德国 CDAX 上市公司	R&D/员工人数	基于不同类型的数据,家族管理涉入与 R&D 投入之间存在互相矛盾的关系,即,基于调查数据库,两者之间显著正相关,而基于财务数据库,则显著负相关
Panel 7. 其他的视角			
Sirmon et al. (2008)	2002～2004 年 2 531 家法国中小企业调查数据	R&D/员工人数	R&D 投入及其国际化程度对模仿能力与家族企业绩效之间的关系具有中介效应;相对于非家族企业,家族企业对模仿威胁的反应更为激烈,降低 R&D 投入及国际化程度的倾向更为平缓
Choi et al. (2015)	1998～2007 年 2 136 个韩国家族上市公司	R&D/营业收入	家族所有权与 R&D 投入负相关;存在行业增长机会时,两者变为显著正相关

资料来源:笔者根据相关文献整理。

附表4 　　　　　　　　　 **家族企业代际传承的主要文献**

文献	研究样本	主要研究结论
Panel 1. 代际传承主体		
Sharma et al. (2003b)	加拿大家族企业协会的会员企业调查数据	代际传承满意度会因下列因素得到强化:传承者辞职的倾向、继承者接班的意愿、家族成员维持家族管理参与的一致性、个人角色认同以及传承计划
Marshall et al. (2006)	1997～2000 年美国西南部企业所有者的调查数据	年长所有者的年龄与正式传承计划正相关
Koffi et al. (2014)	法国 5 家家族企业的调查数据	继承者合法性是成功实现家族企业代际传承的决定性因素
Schlepphorst and Moog (2014)	对德国 53 个家族 106 位访谈者的数据	硬技能是继承者候选人的一项必要但非充分的特征,软技能至少与硬技能处于同等重要的地位
李新春等 (2015)	1998～2013 年中国家族上市公司	二代继承者以"另创领地"进入其他行业或领域是其构建权威合法性的战略选择
赵晶等 (2015)	2003～2014 年中国家族上市公司	家族企业会在代际传承窗口期进行战略变革,其变革幅度受到传承人合法性的影响
Joshua et al. (2016)	文献综述	从社会交换理论的视角,文献综述了利益相关者,以及传承者与继承者之间的交互关系

续表

文献	研究样本	主要研究结论
Panel 1. 代际传承主体		
Meier and Schier（2016）	10 年跨度的实时纵向单案例研究	协调家族与非家族股东以及家族中小股东之间相互依存的利益冲突是传承者的一个主要目标，旨在使企业和家族均做好促进代际传承的准备
Parker（2016）	定性研究	面对缺少"愿意继承的继承者"问题，家族企业采取投资无形资产（意会知识、网络和关系等难以被模仿的资源）以及实施父母共同的高度努力战略；由此提升财务绩效，延长企业寿命
Massis et al.（2016）	274 位家族企业传承者的调研数据	传承者对代际传承的态度是家族内部传承涉及个人层面的一项关键因素
胡旭阳和吴一平（2017）	2003～2015 年中国家族上市公司	创始人政治身份会增加继承者担任董事长或总经理的概率，创始人政治身份提高家族企业控制权的代际锁定
奚菁等（2017）	13 位中国家族企业子女的生命故事	家族企业子女接班人在不同阶段的身份构建
Leiß and Zehrer（2018）	10 位家族企业传承者与继承者的深度访谈资料	传承者与继承者间的跨代沟通是成功传承的关键
Gagné et al.（2019）	89 家 12 年跨度的加拿大家族企业	传承者和继承者的心理状态在决定继承结果方面具有双重的重要性
Bertschi-Michel et al.（2019）	跟踪 1 个家族企业顾问和 4 年周期的 5 个家族企业	揭示家族企业代际传承的一个迭代过程，即顾问在减轻之前先会挖掘传承者和继承者两者的情绪，以平缓其情绪紧张的状况
Panel 2. 代际传承要素		
Cabrera-Suárez et al.（2001）	定性研究	承诺、共享价值观、文化、信任以及声誉等构成家族企业的专有特征；构建继承者获取传承者知识和技能的能力，以维持和提高企业绩效的理论模型
Cabrera-Suárez（2005）	定性研究	对继承者的领导和承诺的培训是影响传承过程的主要因素
Brun De Pontet et al.（2007）	100 个加拿大家族企业	企业主要由传承者控制时，继承者的控制水平（领导权）与继承者准备指标更为相关
窦军生和贾生华（2008）	41 则媒体报道资料和 60 家传承企业的调查数据	企业家默会知识、企业家关系网络和企业家精神是家族企业代际传承过程中企业家个体层面需要传承的三大类要素

文献	研究样本	主要研究结论
Panel 2. 代际传承要素		
Cater and Justis (2009)	6 个家族企业的多案例研究	小型企业继承者的领导权的六个影响因素：积极的亲子关系、继承者的知识获取、家族领导者之间的合作、长期目标导向、继承者对其角色的理解以及继承过程中的风险倾向
杨学儒等 (2009)	红豆集团和海鑫集团的双案例研究	家族企业代际传承过程中，合法权威可以通过股权转移和管理职位任命而直接继承
Fan et al. (2012)	231 个中国香港地区、新加坡和中国台湾地区的家族企业	基于声誉、社会/政治网络的专用性资产促进关系型契约；家族企业继承后更少地实施基于内部的会计系统
Barnett et al. (2012)	定性研究	弱家族愿景的家族参与与核心联盟的交流过少相关，这会导致其与非家族管理人员所处程序的正义环境负相关；传承得到非家族管理人员的支持或阻碍会受到其对程序环境持积极或消极的集体看法的影响
Bennedsen et al. (2015)	217 个中国家族企业	信任、宗教和个人价值观、政治关联、声誉构成家族性专有资产
胡旭阳和吴一平 (2017)	2003～2015 年中国家族上市公司	创始人政治身份会提高继承人担任公司董事长或总经理的概率；创始人政治身份给家族企业带来融资便利、政府补助等经济利益；创始人更有可能把政治身份转移给继承人而非家族外人士的职业经理人
Panel 3. 代际传承过程		
陈凌和应丽芬 (2003)	定性研究	运用家族企业"所有权—家庭—企业"三极模型理论分析了"子承父业"的传承模型，认为"子承父业"的传承模型适合中国家族企业的现状，但需要关注权威转换、企业文化重塑及企业"分家"等问题
Neubauer (2003)	定性研究	家族企业及所有者分为初创期、成长期、成熟期和衰退期四个阶段；企业成长期，家族创业者因心理或精力原因而处于下行趋势，但不会威胁成熟期企业的成长；此时若进行代际传承，会引发家族企业下一轮的增长，但若此时未实施代际传承或者被延迟较长时间，可能导致企业衰退
Le Breton-Miller et al. (2004)	定性研究	一个更为广泛的综合模型以说明家族企业如何实现代际传承，家族企业传承过程受企业情景和家族情景影响，而且企业情景受行业情境的制约；可以与绩效评估反馈的传承过程的四个步骤：基本规则/第一步—继承者的培养/发展—选择—移交/过渡的过程和资本转移

续表

文献	研究样本	主要研究结论
Panel 3. 代际传承过程		
Joshua et al. (2016)	定性研究	管理权传承过程的主要阶段分为基本规则、继承者发展以及交接等三个阶段,传者与继承者之间,家族边界内及其边界之间,利益相关者在各个阶段均产生社会交换
祝振铎等 (2018)	2003～2014 年沪深 A 股家族上市公司	在传承的不同阶段家族企业表现为不同的战略变革水平;二代准备接班阶段,发生显著的战略变革,二代接班后,战略变革显著变缓
Huang et al. (2019)	中国家族上市公司案例研究;157 个中国台湾地区和大陆地区的家族企业调查数据	利用传承过程的"赋权与支配"悖论解释,当子女继承人被视为非常不愿意和没有能力,或非常愿意和有能力接管父权制家族组织时,现任父母往往会施加下代强制控制
Panel 4. 代际传承经济后果		
Cucculelli and Micucci (2008)	1994～2004 年意大利家族企业调查数据	家族企业代际传承对企业业绩产生负面冲击,而且这种影响很大程度上由优秀员工承担,尤其是在竞争激励的行业
Wennberg et al. (2011)	1997～2007 年瑞典民营企业	由于家族企业需要传承给下一代而具有长期目标导向,所有权向外部投资者转让的家族企业绩效较所有权在家族内部转让得更好,但是其存活率更低
Fan et al. (2012)	1987～2005 年新加坡、中国香港地区、中国台湾地区 231 家董事长发生传承的家族企业	相对代际传承 5 年前,发生代际传承的家族企业当年和 5 年后报告更低的应计盈余管理,而且更为及时地确认损失
许永斌等 (2014)	2007 年前已经上市并处于代际传承实施期的家族上市公司	家族企业进入代际传承实施期后,资产负债率更低、长期债务比重更大、流动比率更高,因而倾向于实施风险更低的债务政策
汪祥耀等 (2016)	2012～2014 年 A 股家族上市公司	家族企业代际传承导致企业创新活动减少
黄海杰等 (2018)	2003～2014 年中国家族上市公司	二代介入有助于提高家族企业研发投入,而且这种促进效应在二代为"海归"背景、外部监督较差的家族企业更加显著
赵勇和李新春 (2018)	2007～2015 年沪深 A 股家族上市公司	二代自治阶段的研发投入水平较父子共治阶段更高,并且这种差异受控制目标和经济目标的调节

文献	研究样本	主要研究结论
Panel 4. 代际传承经济后果		
朱晓文和吕长江（2019）	2003～2016年中国家族上市公司	代际传承后家族企业会计业绩和市场业绩更差，而且海外培养的二代接班人较国内培养的业绩更差
Li et al.（2021）	2007～2018年7 774个沪深A股家族上市公司	跨代传承后，退出的传承领导者和其他公司利益相关者会密切关注继承者，导致继承者的短视行为而降低研发投入强度，而且当继承者短视风险回避程度更高时，这种负面效应更为显著
曾颖娴等（2021）	2010～2017年沪深A股家族上市公司	二代顺利接班导致非能力晋升机制的负效应，致使更多的职业经理人高管辞职
Panel 5. 代际传承环境		
Brenes et al.（2006）	3个家族企业的案例研究	假定管理传承、控制和结构是家族企业持续性的前提，作为结构和对外部成员的依赖基石，家族正式纽带是寻求企业和家族之间平衡的核心问题
郭萍（2014）	利用2009～2011年全国工商联组织的中国家族企业调查数据	计划生育通过作用家庭结构变迁影响家族企业代际传承；民营企业家会根据其家庭结构特征设计代际传承的方案
Cao et al.（2015）	2002年中国民营企业样本	由计划生育政策导致的人力资本约束对家族企业代际传承产生负面作用
奚菁等（2017）	13位中国家族企业子女的生命故事	家族企业子女接班人在不同阶段的身份构建过程，受个体、家族、社会等静态因素的影响
Yang et al.（2021）	中国家族上市公司	制度环境更差地区，家族企业代际传承更为困难，而国有股东作为一项非正式制度可以缓解代际传承的难度

参考文献

1. 曹春方、周大伟、吴澄澄:《信任环境、公司治理与民营上市公司投资—现金流敏感性》,载于《世界经济》,2015 年第 5 期。

2. 曹德骏:《家族企业研究的几个理论问题》,载于《财经科学》,2002 年第 6 期。

3. 陈德球、李思飞、雷光勇:《政府治理、控制权结构与投资决策——基于家族上市公司的经验证据》,载于《金融研究》,2012 年第 3 期。

4. 陈德球、魏刚、肖泽忠:《法律制度效率、金融深化与家族控制权偏好》,载于《经济研究》,2013c 年第 10 期。

5. 陈德球、肖泽忠、董志勇:《家族控制权结构与银行信贷合约:寻租还是效率?》,载于《管理世界》,2013b 年第 9 期。

6. 陈德球、杨佳欣、董志勇:《家族控制、职业化经营与公司治理效率——来自 CEO 变更的经验证据》,载于《南开管理评论》,2013a 年第 4 期。

7. 陈建林:《家族控制、非控股国有股权与民营企业债务融资》,载于《经济科学》,2015 年第 4 期。

8. 陈凌、王昊:《家族涉入、政治联系与制度环境——以中国民营企业为例》,载于《管理世界》,2013 年第 10 期。

9. 陈凌、吴炳德:《市场化水平、教育程度和家族企业研发投资》,载于《科研管理》，2014 年第 7 期。

10. 陈凌、叶长兵、鲁莉劼：《中国家族上市公司最终所有权、控制权及其分离——基于不同上市方式的比较分析》，载于《浙江社会科学》，2009 年第 5 期。

11. 陈凌、应丽芬：《代际传承：家族企业继任管理和创新》，载于《管理世界》，2003 年第 6 期。

12. 陈爽英、井润田、廖开容：《社会资本、公司治理对研发投资强度影响——基于中国民营企业的实证》，载于《科学学研究》，2012 年第 6 期。

13. 陈爽英、井润田、龙小宁、邵云飞：《民营企业家社会关系资本对研发投资决策影响的实证研究》，载于《管理世界》，2010 年第 1 期。

14. 陈志斌、吴敏、陈志红：《家族管理影响中小家族企业价值的路径：基于行业竞争的代理理论和效率理论的研究》，载于《中国工业经济》，2017 年第 5 期。

15. 陈志军、闵亦杰：《家族控制与企业社会责任：基于社会情感财富理论的解释》，载于《经济管理》，2015 年第 4 期。

16. 程新生、谭有超、廖梦颖：《强制披露、盈余质量与市场化进程——基于制度互补性的分析》，载于《财经研究》，2011 年第 2 期。

17. 储小平：《家族企业研究：一个具有现代意义的话题》，载于《中国社会科学》，2000 年第 5 期。

18. 邓建平、曾勇：《上市公司家族控制与股利决策研究》，载于《管理世界》，2005 年第 7 期。

19. 邓路、谢志华、李思飞：《民间金融、制度环境与地区经济增长》，载于《管理世界》，2014 年第 3 期。

20. 窦军生、贾生华：《"家业"何以长青？——企业家个体层面家族企业代际传承要素的识别》，载于《管理世界》，2008 年第 9 期。

21. 樊纲、王小鲁、朱恒鹏：《中国市场化指数——各地区市场化相对进程 2011 年度报告》，经济科学出版社 2012 年版。

22. 费孝通：《乡土中国》，上海观察社 1947 年版。

23. 冯根福：《双重委托代理理论：上市公司治理的另一种分析框架——兼论进一步完善中国上市公司治理的新思路》，载于《经济研究》，2004 年第 12 期。

24. 巩键、陈凌、王健茜、王昊：《从众还是独具一格？——中国家族企业战略趋同的实证研究》，载于《管理世界》，2016 年第 11 期。

25. 谷祺、邓德强、路倩：《现金流权与控制权分离下的公司价值——基于我国家族上市公司的实证研究》，载于《会计研究》，2006 年第 4 期。

26. 顾雷雷、王鸿宇：《社会信任、融资约束与企业创新》，载于《经济学家》，2020 年第 11 期。

27. 郭萍：《计划生育、家庭结构与中国家族企业传承——一个探索性研究》，载于《学术月刊》，2014 年第 1 期。

28. 韩亮亮、李凯：《控制权、现金流权与资本结构——一项基于我国民营上市公司面板数据的实证分析》，载于《会计研究》，2008 年第 3 期。

29. 郝颖、辛清泉、刘星：《地区差异、企业投资与经济增长质量》，载于《经济研究》，2014 年第 3 期。

30. 何轩、李新春：《中庸理性影响下的家族企业股权配置：中国本土化的实证研究》，载于《管理工程学报》，2014 年。

31. 贺小刚、李新春、连燕玲、张远飞：《家族内部的权力偏离及其对治理效率的影响——对家族上市公司的研究》，载于《中国工业经济》，2010 年第 10 期。

32. 侯青川、靳庆鲁、苏玲、于潇潇：《放松卖空管制与大股东"掏空"》，载于《经济学（季刊）》，2017 年第 3 期。

33. 胡旭阳：《"夫妻搭档"治理与家族企业的研发投入——社会情感财富理论的视角》，载于《经济管理》，2019 年第 12 期。

34. 胡旭阳、吴一平：《创始人政治身份与家族企业控制权的代际锁定》，载于《中国工业经济》，2017 年。

35. 胡旭阳、吴一平：《中国家族企业政治资本代际转移研究——基于民营企业家参政议政的实证分析》，载于《中国工业经济》，2016 年第 1 期。

36. 黄海杰、吕长江、朱晓文：《二代介入与企业创新——来自中国家族上市公司的证据》，载于《南开管理评论》，2018 年第 1 期。

37. 姜付秀、黄继承：《市场化进程与资本结构动态调整》，载于《管理世界》，2011 年第 3 期。

38. 雷光勇、刘慧龙：《市场化进程、最终控制人性质与现金股利行为——来自中国 A 股公司的经验证据》，载于《管理世界》，2007 年第 7 期。

39. 李培功、沈艺峰：《社会规范、资本市场与环境治理：基于机构投资者视角的经验证据》，载于《世界经济》，2011 年第 6 期。

40. 李文贵、余明桂：《所有权性质，市场化进程与企业风险承担》，载于《中国工业经济》，2012 年。

41. 李新春、韩剑、李炜文：《传承还是另创领地？——家族企业二代继承的权威合法性建构》，载于《管理世界》，2015 年第 6 期。

42. 李新春、贺小刚、邹立凯：《家族企业研究：理论进展与未来展望》，载于《管理世界》，2020 年第 11 期。

43. 李新春、任丽霞：《民营企业的家族意图与家族治理行为研究》，载于《中山大学学报（社会科学版）》，2004 年第 6 期。

44. 李新春、叶文平、朱沆：《牢笼的束缚与抗争：地区关系文化与创业企业的关系战略》，载于《管理世界》，2016 年第 10 期。

45. 李新春：《中国的家族制度与企业组织》，载于《中国社会科学季刊（香港）》，1998 年。

46. 李增泉、余谦、王晓坤：《掏空、支持与并购重组》，载于《经济研究》，2005 年第 1 期。

47. 连燕玲、贺小刚、张远飞：《家族权威配置机理与功效——来自我国家族上市公司的经验证据》，载于《管理世界》，2011 年第 11 期。

48. 梁觉、李福荔：《中国本土管理研究的进路》，载于《管理学报》，2010 年第 5 期。

49. 梁觉：《中西方管理研究的整合》，载于《重庆大学学报：社会科学版》，2011 年。

50. 凌鸿程、孙怡龙：《社会信任提高了企业创新能力吗?》，载于《科学学研究》，2019 年第 10 期。

51. 刘宝华、罗宏、周微、杨行：《社会信任与股价崩盘风险》，载于《财贸经济》，2016 年第 9 期。

52. 刘笑霞、李明辉：《社会信任水平对审计定价的影响——基于 CGSS 数据的经验证据》，载于《经济管理》，2019 年第 10 期。

53. 刘星、苏春、邵欢：《家族董事席位超额控制与股价崩盘风险——基于关联交易的视角》，载于《中国管理科学》，2021 年第 5 期。

54. 刘星、苏春、邵欢：《家族董事席位配置偏好影响企业投资效率吗》，载于《南开管理评论》，2020 年第 4 期。

55. 刘运国、刘雯：《我国上市公司的高管任期与 R&D 支出》，载于《管理世界》，2007 年。

56. 吕朝凤、陈汉鹏、López – Leyva Santos：《社会信任、不完全契约与长期经济增长》，载于《经济研究》，2019 年第 3 期。

57. 罗党论、唐清泉：《中国民营上市公司制度环境与绩效问题研究》，载于《经济研究》，2009 年第 2 期。

58. 罗进辉、彭晨宸、刘玥：《代际传承与家族企业多元化经营》，载于《南开管理评论》，2021 年。

59. 马骏、朱斌、何轩：《家族企业何以成为更积极的绿色创新推动者?——基于社会情感财富和制度合法性的解释》，载于《管理科学学报》，2020 年第 9 期。

60. 潘越、戴亦一、吴超鹏、刘建亮：《社会资本、政治关系与公司投资决策》，载于《经济研究》，2009 年第 11 期。

61. 潘越、翁若宇、纪翔阁、戴亦一：《宗族文化与家族企业治理的血缘情结》，载于《管理世界》，2019 年第 7 期。

62. 蒲自立、刘芍佳：《公司控制中的董事会领导结构和公司绩效》，载于《管理世界》，2004 年第 9 期。

63. ［美］小艾尔费雷德·D. 钱德勒：《看得见的手：美国企业的管理

革命》，商务印书馆 1987 年版。

64. 邱保印、程博：《社会信任与企业多层股权结构》，载于《会计研究》，2021 年第 3 期。

65. 邵帅、吕长江：《实际控制人直接持股可以提升公司价值吗？——来自中国民营上市公司的证据》，载于《管理世界》，2015 年第 5 期。

66. 苏启林、朱文：《上市公司家族控制与企业价值》，载于《经济研究》，2003 年第 8 期。

67. 孙治本：《家族主义与现代台湾企业》，载于《社会学研究》，1995 年第 5 期。

68. 覃家琦、杨玉晨、王力军、杨雪：《企业家控制权、创业资本与资本配置效率——来自中国民营上市公司的证据》，载于《经济研究》，2021 年第 3 期。

69. 唐松、杨勇、孙铮：《金融发展、债务治理与公司价值——来自中国上市公司的经验证据》，载于《财经研究》，2009 年第 6 期。

70. 唐跃军、左晶晶、李汇东：《制度环境变迁对公司慈善行为的影响机制研究》，载于《经济研究》，2014 年第 2 期。

71. 汪祥耀、金一禾、毕祎：《家族企业代际传承推动还是抑制了创新》，载于《商业经济与管理》，2016 年第 12 期。

72. 王博霖、贾植涵、彭屹、贺小刚：《家族控制与企业跨区域扩张：来自上市公司的经验证据》，载于《外国经济与管理》，2021 年第 4 期。

73. 王春艳、林润辉、袁庆宏、李娅、李飞：《企业控制权的获取和维持——基于创始人视角的多案例研究》，载于《中国工业经济》，2016 年第 7 期。

74. 王建峰、赵蔚家：《"夫妻搭档"治理与企业价值：增值还是贬值？》，载于《现代财经（天津财经大学学报）》，2021 年第 3 期。

75. 王明琳、徐萌娜、王河森：《利他行为能够降低代理成本吗？——基于家族企业中亲缘利他行为的实证研究》，载于《经济研究》，2014 年第 3 期。

76. 王明琳、周生春：《控制性家族类型、双重三层委托代理问题与企业价值》，载于《管理世界》，2006 年第 8 期。

77. 王艳、李善民：《社会信任是否会提升企业并购绩效？》，载于《管理世界》，2017 年第 12 期。

78. 王扬眉、梁果、王海波：《家族企业继承人创业图式生成与迭代——基于烙印理论的多案例研究》，载于《管理世界》，2021 年第 4 期。

79. 魏志华、林亚清、吴育辉、李常青：《家族企业研究：一个文献计量分析》，载于《经济学（季刊）》，2013 年第 1 期。

80. 魏志华、吴育辉、李常青：《家族控制、双重委托代理冲突与现金股利政策——基于中国上市公司的实证研究》，载于《金融研究》，2012 年第 7 期。

81. 魏志华：《中国家族上市公司股利政策研究：问题与治理》，北京大学出版社 2014 年版。

82. 温忠麟、侯杰泰、张雷：《调节效应与中介效应的比较和应用》，载于《心理学报》，2005 年第 2 期。

83. 温忠麟、欧阳劲樱、方俊燕：《潜变量交互效应标准化估计：方法比较与选用策略》，载于《心理学报》，2022 年第 1 期。

84. 翁宵暐、王克明、吕长江：《家族成员参与管理对 IPO 抑价率的影响》，载于《管理世界》，2014 年第 1 期。

85. 吴炳德、陈凌：《社会情感财富与研发投资组合：家族治理的影响》，载于《科学学研究》，2014 年第 8 期。

86. 吴炳德、王志玮、陈士慧、朱建安、陈凌：《目标兼容性、投资视野与家族控制：以研发资金配置为例》，载于《管理世界》，2017 年第 2 期。

87. 吴超鹏、薛南枝、张琦、吴世农：《家族主义文化、"去家族化"治理改革与公司绩效》，载于《经济研究》，2019 年第 2 期。

88. 奚菁、罗洁婷、张珊珊、晋琳琳、魏新：《家族企业子女接班人身份构建研究》，载于《管理学报》，2017 年第 1 期。

89. 夏立军、陈信元：《市场化进程、国企改革策略与公司治理结构的内生决定》，载于《经济研究》，2007 年第 7 期。

90．夏立军、方轶强：《政府控制、治理环境与公司价值——来自中国证券市场的经验证据》，载于《经济研究》，2005 年第 5 期。

91．肖金利、潘越、戴亦一：《"保守"的婚姻：夫妻共同持股与公司风险承担》，载于《经济研究》，2018 年第 5 期。

92．辛金国、张梅、沈芊男：《家族控制权、薪酬激励与企业风险承担——基于社会情感财富的分析视角》，载于《浙江社会科学》，2017 年第 10 期。

93．辛清泉、谭伟强：《市场化改革、企业业绩与国有企业经理薪酬》，载于《经济研究》，2009 年第 11 期。

94．徐炜、马树元、王赐之：《家族涉入、国有股权与中国家族企业国际化》，载于《经济管理》，2020 年第 10 期。

95．许金花、戴媛媛、李善民：《社会责任、股东资源与创始人实际控制权》，载于《管理学报》，2019 年第 12 期。

96．许永斌、惠男男、郑秀田：《家族企业代际传承与债务特征》，载于《商业经济与管理》，2014 年第 12 期。

97．许永斌、郑金芳：《中国民营上市公司家族控制权特征与公司绩效实证研究》，载于《会计研究》，2007 年第 11 期。

98．许宇鹏、程博、潘飞：《"妇女能顶半边天"——夫妻共治能抑制"掏空"吗?》，载于《外国经济与管理》，2021b 年第 8 期。

99．许宇鹏、程博、潘飞：《"男耕女织"影响企业创新吗——来自中国家族上市公司的经验证据》，载于《南开管理评论》，2021a 年第 1 期。

100．许宇鹏：《夫妻共治会改变企业成本粘性吗——基于中国家族上市公司的经验证据》，载于《上海财经大学学报》，2020 年第 1 期。

101．严若森、叶云龙：《家族所有权、家族管理涉入与企业 R&D 投入水平——基于社会情感财富的分析视角》，载于《经济管理》，2014 年第 12 期。

102．严若森、叶云龙、江诗松：《企业行为理论视角下的家族企业异质性、R&D 投入与企业价值》，载于《管理学报》，2016 年第 10 期。

103. 阳镇、凌鸿程、陈劲：《社会信任有助于企业履行社会责任吗?》，载于《科研管理》，2021 年第 5 期。

104. 杨瑞龙、周业安：《一个关于企业所有权安排的规范性分析框架及其理论含义》，载于《经济研究》，1997 年第 7 期。

105. 杨兴全、张丽平、吴昊旻：《市场化进程、管理层权力与公司现金持有》，载于《南开管理评论》，2014 年第 2 期。

106. 杨学儒、朱沆、李新春：《家族企业的权威系统与代际传承》，载于《管理学报》，2009 年第 11 期。

107. 杨扬、谢佳松、林建浩、汪寿阳：《地区代际流动性对企业管理家族化的影响研究》，载于《管理科学学报》，2020 年第 10 期。

108. 叶银华：《家族控股集团，核心企业与报酬互动之研究——台湾与香港证券市场之比较》，载于《管理评论（台湾）》，1999 年。

109. 曾颖娴、邹立凯、李新春：《家族企业传承期更容易发生高管辞职?》，载于《经济管理》，2021 年第 8 期。

110. 张敦力、李四海：《社会信任、政治关系与民营企业银行贷款》，载于《会计研究》，2012 年第 8 期。

111. 张杰：《市场化与金融控制的两难困局：解读新一轮国有银行改革的绩效》，载于《管理世界》，2008 年第 11 期。

112. 张维迎、柯荣住：《信任及其解释：来自中国的跨省调查分析》，载于《经济研究》，2002 年第 10 期。

113. 张维迎：《企业的企业家——契约理论》，上海人民出版社 1995 年版。

114. 张维迎：《所有制、治理结构及委托—代理关系———兼评崔之元和周其仁的一些观点》，载于《经济研究》，1996 年第 9 期。

115. 张茵、刘明辉、彭红星：《社会信任与公司避税》，载于《会计研究》，2017 年第 9 期。

116. 张兆国、刘亚伟、杨清香：《管理者任期、晋升激励与研发投资研究》，载于《会计研究》，2014 年第 9 期。

117. 赵晶、张书博、祝丽敏：《传承人合法性对家族企业战略变革的影响》，载于《中国工业经济》，2015 年第 8 期。

118. 赵宜一、吕长江：《家族成员在董事会中的角色研究——基于家族非执行董事的视角》，载于《管理世界》，2017 年第 9 期。

119. 赵勇、李新春：《家族企业传承期抑制了研发投入吗？——基于家族企业多重目标的调节效应》，载于《研究与发展管理》，2018 年第 5 期。

120. 郑伯壎：《差序格局与华人组织行为》，载于《本土心理学研究》，1995 年。

121. 周其仁：《市场里的企业：一个人力资本与非人力资本的特别合约》，载于《经济研究》，1996 年第 6 期。

122. 朱沆、叶琴雪、李新春：《社会情感财富理论及其在家族企业研究中的突破》，载于《外国经济与管理》，2012 年第 12 期。

123. 朱晓文、吕长江：《家族企业代际传承：海外培养还是国内培养?》，载于《经济研究》，2019 年第 1 期。

124. 祝振铎、李新春、叶文平：《"扶上马、送一程"：家族企业代际传承中的战略变革与父爱主义》，载于《管理世界》，2018 年第 11 期。

125. 祝振铎、李新春、赵勇：《父子共治与创新决策——中国家族企业代际传承中的父爱主义与深谋远虑效应》，载于《管理世界》，2021 年第 9 期。

126. Acemoglu D. & Johnson S., 2005, "Unbundling institutions", *Journal of Political Economy*, 113, pp. 949 – 995.

127. Aghion P. & Tirole J., 1997, "Formal and real authority in organizations", *Journal of Political Economy*, 105 (1), pp. 1 – 29.

128. Akerlof G. A., 1980, "A Theory of Social Custom, of which Unemployment may be One Consequence*", *The Quarterly Journal of Economics*, 94 (4), pp. 749 – 775.

129. Aldrich H. E. & Cliff J. E., 2003, "The Pervasive Effects of Family on Entrepreneurship: Toward a Family Embeddedness Perspective", *Journal of*

Business Venturing, 18（5）, pp. 573 – 596.

130. Almeida H. V. & Wolfenzon D. , 2006, "A theory of pyramidal ownership and family business groups", *The Journal of Finance*, 61（6）, pp. 2637 – 2680.

131. Amit R. H. , Ding Y. , Villalonga B. , Hua Z. , 2015, "The role of institutional development in the prevalence and value of family firms", *Journal of Corporate Finance*, 31, pp. 284 – 305.

132. Ampenberger M. , Schmid T. , Achleitner A. , Kaserer C. , 2013, "Capital structure decisions in family firms: empirical evidence from a bank-based economy", *Review of Managerial Science*, 7（3）, pp. 247 – 275.

133. Anderson R. C. , Duru A. , Reeb D. M. , 2009, "Founders, Heirs, and Corporate Opacity in the United States", *Journal of Financial Economics*, 92（2）, pp. 205 – 222.

134. Anderson R. C. , Duru A. , Reeb D. M. , 2012, "Investment policy in family controlled firms", *Journal of Banking & Finance*, 36（6）, pp. 1744 – 1758.

135. Anderson R. C. & Reeb D. M. , 2004, "Board Composition: Balancing Family Influence in S&P 500 Firms", *Administrative Science Quarterly*, 49（2）, pp. 209 – 237.

136. Anderson R. C. & Reeb D. M. , 2003, "Founding-family Ownership and Firm Performance: Evidence from the S&P 500", *The Journal of Finance*, 58（3）, pp. 1301 – 1327.

137. Anderson R. C. & Reeb D. M. , 2003, "Founding-Family Ownership, Corporate Diversification, and Firm Leverage", *Journal of Law and Economics*, 46（2）, pp. 653 – 684.

138. Andres C. , 2011, "Family ownership, financing constraints and investment decisions", *Applied Financial Economics*, 21（22）, pp. 1641 – 1659.

139. Andres C. , 2008, "Large shareholders and firm performance—An empirical examination of founding-family ownership", *Journal of Corporate Finance*, 14（4）, pp. 431 – 445.

140. Ang J. S. , Cole R. A. , Lin J. W. , 2000, "Agency costs and owner-ship structure", *The Journal of Finance*, 55 (1), pp. 81 – 106.

141. Arndt M. & Bigelow B. , 2000, "Presenting Structural Innovation In An Institutional Environment: Hospitals' Use of Impression Management", *Administrative Science Quarterly*, 45 (3), pp. 494 – 522.

142. Arregle J. , Hitt M. A. , Sirmon D. G. , Very P. , 2007, "The Development of Organizational Social Capital: Attributes of Family Firms", *Journal of Management Studies*, 44 (1), pp. 73 – 95.

143. Ashraf N. , 2009, "Spousal Control and Intra-Household Decision Making: An Experimental Study in the Philippines", *American Economic Review*, 99 (4), pp. 1245 – 1277.

144. Ashwin A. S. , Krishnan R. T. , George R. , 2015, "Family firms in India: family involvement, innovation and agency and stewardship behaviors", *Asia Pacific Journal of Management*, 32 (4), pp. 869 – 900.

145. Astrachan J. H. & Jaskiewicz P. , 2008, "Emotional returns and emotional costs in privately held family businesses: Advancing traditional business valuation", *Family Business Review*, 21 (2), pp. 139 – 149.

146. Astrachan J. H. , Klein S. B. , Smyrnios K. X. , 2002, "The F-PEC Scale of Family Influence: A Proposal for Solving the Family Business Definition Problem", *Family Business Review*, 15 (1), pp. 45 – 58.

147. Astrachan J. H. & Shanker M. C. , 2003, "Family businesses' contribution to the US economy: A closer look", *Family Business Review*, 16 (3), pp. 211 – 219.

148. Athanassiou N. , Crittenden W. F. , Kelly L. M. , Marquez P. , 2002, "Founder centrality effects on the Mexican family firm's top management group: Firm culture, strategic vision and goals, and firm performance", *Journal of World Business*, 37 (2), pp. 139 – 150.

149. Bai C. , Lu J. , Tao Z. , 2006, "The multitask theory of state enterprise re-

form: empirical evidence from China", *The American Economic Review*, 96 (2), pp. 353 – 357.

150. Barker Iii V. L. & Mueller G. C. , 2002, "CEO characteristics and firm R&D spending", *Management Science*, 48 (6), pp. 782 – 801.

151. Barnett T. , Long R. G. , Marler L. E. , 2012, "Vision and Exchange in Intra-Family Succession: Effects on Procedural Justice Climate Among Nonfamily Managers", *Entrepreneurship Theory and Practice*, 36 (6), pp. 1207 – 1225.

152. Barney J. B. , Clark C. , Alvarez S. , 2002, "Where does entrepreneurship come from? Network models of opportunity recognition and resource acquisition with application to the family firm" *Second Annual Conference on Theories of the Family Enterprise*, *Philadelphia*, *December*.

153. Barney J. , 1991, "Firm resources and sustained competitive advantage", *Journal of Management*, 17 (1), pp. 99 – 120.

154. Barontini R. & Caprio L. , 2006, "The Effect of Family Control on Firm Value and Performance: Evidence from Continental Europe", *European Financial Management*, 12 (5), pp. 689 – 723.

155. Basu N. , Dimitrova L. , Paeglis I. , 2009, "Family control and dilution in mergers", *Journal of Banking & Finance*, 33 (5), pp. 829 – 841.

156. Bauweraerts J. & Colot O. , 2017, "Exploring nonlinear effects of family involvement in the board on entrepreneurial orientation", *Journal of Business Research*, 70, pp. 185 – 192.

157. Bendig D. , Foege J. N. , Endriß S. , Brettel M. , 2020, "The Effect of Family Involvement on Innovation Outcomes: The Moderating Role of Board Social Capital", *Journal of Product Innovation Management*, 37, pp. 249 – 272.

158. Bennedsen M. , Fan J. P. H. , Jian M. , Yeh Y. , 2015, "The Family Business Map: Framework, Selective Survey, and Evidence from Chinese Family Firm Succession", *Journal of Corporate Finance*, 33, pp. 113 – 139.

159. Bennedsen M. , Nielsen K. M. , Pérez-González F. , Wolfenzon D. ,

2007, "Inside the family firm: The role of families in succession decisions and performance", *Quarterly Journal of Economics*, 5, pp. 647 – 691.

160. Bennedsen M. & Wolfenzon D., 2000, "The balance of power in closely held corporations", *Journal of Financial Economics*, 58 (1), pp. 113 – 139.

161. Berle A. A. & Means G. C., 1932, *The Modern Corporation and Private Property*. Transaction Pub.

162. Berrone P., Cruz C., Gomez-Mejia L. R., Larraza-Kintana M., 2010, "Socioemotional wealth and corporate responses to institutional pressures: Do family-controlled firms pollute less?", *Administrative Science Quarterly*, 55 (1), pp. 82 – 113.

163. Berrone P., Cruz C., Gomez-Mejia L. R., 2012, "Socioemotional Wealth in Family Firms Theoretical Dimensions, Assessment Approaches, and Agenda for Future Research", *Family Business Review*, 25 (3), pp. 258 – 279.

164. Bertschi-Michel A., Kammerlander N., Strike V. M., 2019, "Unearthing and Alleviating Emotions in Family Business Successions", *Entrepreneurship Theory and Practice*, 44 (1), pp. 81 – 108.

165. Bird B., Welsch H., Astrachan J. H., Pistrui D., 2002, "Family business research: The evolution of an academic field", *Family Business Review*, 15 (4), pp. 337 – 350.

166. Bird M. & Zellweger T., 2018, "Relational Embeddedness and Firm Growth: Comparing Spousal and Sibling Entrepreneurs", *Organization Science*, 29 (2), pp. 264 – 283.

167. Bjuggren P. & Sund L., 2002, "A Transition Cost Rationale for Transition of the Firm within the Family", *Small Business Economics*, 19 (2), pp. 123 – 133.

168. Block J. H., Jaskiewicz P., Miller D., 2011, "Ownership Versus Management Effects on Performance In Family and Founder Companies: A Bayesian Reconciliation", *Journal of Family Business Strategy*, 2 (4), pp. 232 – 245.

169. Block J. H., 2012, "R&D Investments in Family and Founder Firms:

An Agency Perspective", *Journal of Business Venturing*, 27 (2), pp. 248 –265.

170. Bloom N. & Reenen J. V., 2007, "Measuring and explaining management practices across firms and countries", *Quarterly Journal of Economics*, 122 (4), pp. 1351 –1408.

171. Bozec Y. & Di Vito J., 2018, "Founder-Controlled Firms and R&D Investments: New Evidence From Canada", *Family Business Review*, 32 (1), pp. 76 –96.

172. Brenes E. R., Madrigal K., Molina-Navarro G. E., 2006, "Family business structure and succession: Critical topics in Latin American experience", *Journal of Business Research*, 59 (3), pp. 372 –374.

173. Breton-Miller L. & Miller D., 2006, "Why Do Some Family Businesses Out-Compete? Governance, Long-Term Orientations, and Sustainable Capability", *Entrepreneurship Theory and Practice*, 30 (6), pp. 731 –746.

174. Brun De Pontet S., Wrosch C., Gagne M., 2007, "An Exploration of the Generational Differences in Levels of Control Held Among Family Businesses Approaching Succession", *Family Business Review*, 20 (4), pp. 337 –354.

175. Burkart M., Panunzi F., Shleifer A., 2003, "Family firms", *The Journal of Finance*, 58 (5), pp. 2167 –2202.

176. Cabrera-Suárez K., 2005, "Leadership transfer and the successor's development in the family firm", *The Leadership Quarterly*, 16 (1), pp. 71 –96.

177. Cabrera-Suárez K., Saá-Pérez P. D., García-Almeida D., 2001, "The Succession Process from a Resource- and Knowledge-Based View of the Family Firm", *Family Business Review*, 14 (1), pp. 37 –46.

178. Cai H., Li H., Park A., Zhou L., 2013, "Family Ties and Organizational Design: Evidence from Chinese Private Firms", *The Review of Economics and Statistics*, 95 (3), pp. 850 –867.

179. Cao J., Cumming D., Wang X., 2015, "One-Child Policy and Family Firms in China", *Journal of Corporate Finance*, 33, pp. 317 –329.

180. Caprio L. , Croci E. , Del Giudice A. , 2011, "Ownership structure, family control, and acquisition decisions", *Journal of Corporate Finance*, 17 (5), pp. 1636 – 1657.

181. Carney M. , 2005, "Corporate Governance and Competitive Advantage in Family-Controlled Firms", *Entrepreneurship Theory and Practice*, 29 (3), pp. 249 – 265.

182. Carr J. C. & Hmieleski K. M. , 2015, "Differences in the Outcomes of Work and Family Conflict between Family- and Nonfamily Businesses: An Examination of Business Founders", *Entrepreneurship Theory and Practice*, 39 (6), pp. 1413 – 1432.

183. Cassia L. , De Massis A. , Pizzurno E. , 2012, "Strategic innovation and new product development in family firms: An empirically grounded theoretical framework", *International Journal of Entrepreneurial Behaviour & Research*, 18 (2), pp. 198 – 232.

184. Casson M. , 1999, "The economics of the family firm", *Scandinavian Economic History Review*, 47 (1), pp. 10 – 23.

185. Cater J. J. & Justis R. T. , 2009, "The Development of Successors From Followers to Leaders in Small Family Firms", *Family Business Review*, 22 (2), pp. 109 – 124.

186. Chen C. J. P. , Li Z. , Su X. , Sun Z. , 2011, "Rent-seeking incentives, Corporate Political Connections, and the Control Structure of Private firms: Chinese Evidence", *Journal of Corporate Finance*, 17 (2), pp. 229 – 243.

187. Chen D. , Li L. , Liu X. , Lobo G. J. , 2018, "Social Trust and Auditor Reporting Conservatism", *Journal of Business Ethics*, 153 (4), pp. 1083 – 1108.

188. Chen H. & Hsu W. , 2009, "Family Ownership, Board Independence, and R&D Investment", *Family Business Review*, 22 (4), pp. 347 – 362.

189. Chen H. L. & Hsu W. T. , 2009, "Family Ownership, Board Independence, and R&D Investment", *Family Business Review*, 22 (4), pp. 347 – 362.

190. Chen V. Z., Li J., Shapiro D. M., Zhang X., 2014, "Ownership Structure and Innovation: An Emerging Market Perspective", *Asia Pacific Journal of Management*, 31 (1), pp. 1 –24.

191. Chrisman J. J., Chua J. H., Litz R. A., 2004, "Comparing the Agency Costs of Family and Non-Family Firms: Conceptual Issues and Exploratory Evidence", *Entrepreneurship Theory and Practice*, 28 (4), pp. 335 –354.

192. Chrisman J. J., Chua J. H., Sharma P., 2005a, "Trends and Directions in the Development of A Strategic Management Theory of the Family Firm", *Entrepreneurship Theory and Practice*, 29 (5), pp. 555 –576.

193. Chrisman J. J., Chua J. H., Steier L., 2005b, "Sources and consequences of distinctive familiness: An introduction", *Entrepreneurship Theory and Practice*, 29 (3), pp. 237 –247.

194. Chrisman J. J., Chua J. H., Steier L., 2005c, "Sources and consequences of distinctive familiness: An introduction", *Entrepreneurship Theory and Practice*, 29 (3), pp. 237 –247.

195. Chrisman J. J., Chua J. H., Steier L. P., 2003, "An introduction to theories of family business", *Journal of Business Venturing*, 18 (4), pp. 441 –448.

196. Chrisman J. J. & Patel P. C., 2012, "Variations in R&D Investments of Family and Nonfamily Firms: Behavioral Agency and Myopic Loss Aversion Perspectives", *Academy of Management Journal*, 55 (4), pp. 976 –997.

197. Chua J. H., Chrisman J. J., Sharma P., 1999, "Defining the Family Business by Behavior", *Entrepreneurship Theory and Practice*, 23, pp. 19 –40.

198. Chua J. H., Chrisman J. J., Steier L. P., Rau S. B., 2012, "Sources of Heterogeneity in Family Firms: An Introduction", *Entrepreneurship Theory and Practice*, 36 (6), pp. 1103 –1113.

199. Churchill N. C. & Hatten K. J., 1997, "Non-market-based transfers of wealth and power: A research framework for family business", *Family Business Review*, 10 (1), pp. 53 –67.

200. Chu W. , 2011, "Family ownership and firm performance: Influence of family management, family control, and firm size", *Asia Pacific Journal of Management*, 28 (4), pp. 833 – 851.

201. Claessens S. , Djankov S. , Lang L. H. , 2000, "The separation of ownership and control in East Asian corporations", *Journal of Financial Economics*, 58 (1), pp. 81 – 112.

202. Coase R. H. , 1937, "The Nature of the Firm", *Economica*, 4 (16), pp. 386 – 405.

203. Coase R. H. , 1960, "The Problem of social cost", *Journal of Law & Economics*, 3, pp. 427 – 437.

204. Coleman J. S. , 1986, "Social Theory, Social Research, and a Theory of Action", *American Journal of Sociology*, 91 (6), pp. 1309 – 1335.

205. Croci E. , Doukas J. A. , Gonenc H. , 2011, "Family Control and Financing Decisions", *European Financial Management*, 17 (5), pp. 860 – 897.

206. Cronqvist H. & Nilsson M. , 2003, "Agency costs of controlling minority shareholders", *Journal of Financial and Quantitative Analysis*, 38 (04), pp. 695 – 719.

207. Cruz C. C. , Gómez-Mejia L. R. , Becerra M. , 2010, "Perceptions of Benevolence and the Design of Agency Contracts: CEO-TMT Relationships in Family Firms", *Academy of Management Journal*, 53 (1), pp. 69 – 89.

208. Cucculelli M. & Micucci G. , 2008, "Family succession and firm performance: Evidence from Italian family firms", *Journal of Corporate Finance*, 14 (1), pp. 17 – 31.

209. Daspit J. J. , Chrisman J. J. , Sharma P. , Pearson A. W. , Mahto R. V. , 2018, "Governance as a Source of Family Firm Heterogeneity", *Journal of Business Research*, 84, pp. 293 – 300.

210. David P. , Hitt M. A. , Gimeno J. , 2001, "The Influence of Activism by Institutional Investors on R&D", *Academy of Management Journal*, 44 (1),

pp. 144 – 157.

211. Davis J. A. & Tagiuri R. , 1989, "The influence of life stage on father-son work relationships in family companies", *Family Business Review*, 2 (1), pp. 47 – 74.

212. Davis J. H. , Schoorman F. D. , Donaldson L. , 1997, "Toward a steward-ship theory of management", *Academy of Management Review*, 22 (1), pp. 20 – 47.

213. DeAngelo H. & DeAngelo L. , 2000, "Controlling stockholders and the disciplinary role of corporate payout policy: A study of the Times Mirror Company", *Journal of Financial Economics*, 56 (2), pp. 153 – 207.

214. Debicki B. J. , Kellermanns F. W. , Chrisman J. J. , Pearson A. W. , Spencer B. A. , 2016, "Development of a socioemotional wealth importance (SEWi) scale for family firm research", *Journal of Family Business Strategy*, 7 (1), pp. 47 – 57.

215. De Castro L. R. K. , Aguilera R. V. , Crespí-Cladera R. , 2017, "Family Firms and Compliance: Reconciling the Conflicting Predictions Within the Socioemotional Wealth Perspective", *Family Business Review*, 30 (2), pp. 137 – 159.

216. De Cesari A. , 2012, "Expropriation of minority shareholders and payout policy", *The British Accounting Review*, 44 (4), pp. 207 – 220.

217. Deephouse D. L. & Jaskiewicz P. , 2013, "Do Family Firms Have Better Reputations Than Non-Family Firms? An Integration of Socioemotional Wealth and Social Identity Theories", *Journal of Management Studies*, 50 (3), pp. 337 – 360.

218. Ding S. , Qu B. , Zhuang Z. , 2011, "Accounting properties of Chinese family firms", *Journal of Accounting, Auditing & Finance*, 26 (4), pp. 623 – 640.

219. Diwisch D. S. , Voithofer P. , Weiss C. R. , 2009, "Succession and firm growth: results from a non-parametric matching approach", *Small Business Economics*, 32 (1), pp. 45 – 56.

220. Donnelley R. G. , 1964, "The family business", *Harvard Business Review*, 42 (4), pp. 93 – 105.

221. Duran P. , Kammerlander N. , Van Essen M. , Zellweger T. , 2016, "Doing more with less: Innovation input and output in family firms", *Academy of Management Journal*, 55 (4), pp. 1224 – 1264.

222. Dyer W. G. , Dyer W. J. , Gardner R. G. , 2012, "Should My Spouse Be My Partner? Preliminary Evidence From the Panel Study of Income Dynamics", *Family Business Review*, 26 (1), pp. 68 – 80.

223. Dyer W. G. J. , 1986, "Cultural change in family firms: anticipating and managing family business transitions" . Administrative Science Quarterly, 32 (4), pp. 635 – 637.

224. Dyer W. G. , 2003, "The Family: The Missing Variable in Organizational Research", *Entrepreneurship Theory and Practice*, 27 (4), pp. 401 – 416.

225. Eaton C. , Yuan L. , Wu Z. , 2002, "Reciprocal altruism and the theory of the family firm" *Second Annual Conference on Theories of the Family Enterprise: Search for a Paradigm. Philadelphia, PA.*

226. Eisenhardt K. M. , 1989, "Agency Theory: An Assessment and Review", *Academy of Management Review*, 14 (1), pp. 57 – 74.

227. Faccio M. & Lang L. H. , 2002, "The Ultimate Ownership of Western European Corporations", *Journal of Financial Economics*, 65 (3), pp. 365 – 395.

228. Fahlenbrach R. , 2009, "Founder-CEOs, investment decisions, and stock market performance", *Journal of Financial and Quantitative Analysis*, 44 (2), pp. 439 – 466.

229. Fama E. F. & Jensen M. C. , 1983, "Separation of Ownership and Control", *The Journal of Law and Economics*, 26 (2), pp. 301 – 325.

230. Fan J. P. , Jian M. , Yeh Y. , 2008, "Succession: The roles of specialized assets and transfer costs", *Available at SSRN* 1101405.

231. Fan J. P. , Wong T. J. , Zhang T. , 2012, "Founder succession and ac-

counting properties", *Contemporary Accounting Research*, 29 (1), pp. 283 –311.

232. Fan J. P. , Wong T. J. , Zhang T. , 2013, "Institutions and Organiza-
tional Structure: The Case of State-Owned Corporate Pyramids", *Journal of Law,
Economics, and Organization*, 29 (6), pp. 1217 –1252.

233. Feito-Ruiz I. & Menéndez Requejo S. , 2010, "Family Firm Mergers
and Acquisitions in Different Legal Environments", *Family Business Review*, 23
(1), pp. 60 –75.

234. Fernández-Aráoz C. , Iqbal S. , Ritter J. , 2015, "Leadership Lessons
from Great Family Businesses", *Harvard Business Review*, 93 (4), pp. 82 –88.

235. Fernández Z. & Nieto M. J. , 2006, "Impact of Ownership on the Inter-
national Involvement of SMEs", *Journal of International Business Studies*, 37 (3),
pp. 340 –351.

236. Frank H. , Kessler A. , Rusch T. , Suess-Reyes J. , Weismeier-Sammer
D. , 2017, "Capturing the Familiness of Family Businesses: Development of the
Family Influence Familiness Scale (FIFS)", *Entrepreneurship Theory and Practice*,
41 (5), pp. 709 –742.

237. Gagné M. , Marwick C. , Brun De Pontet S. , Wrosch C. , 2019, "Fam-
ily Business Succession: What's Motivation Got to Do With It?", *Family Business
Review*, 34 (2), pp. 154 –167.

238. Gallucci C. , Santulli R. , Calabrò A. , 2015, "Does family involvement
foster or hinder firm performance? The missing role of family-based branding strate-
gies", *Journal of Family Business Strategy*, 6 (3), pp. 155 –165.

239. Gedajlovic E. , Carney M. , Chrisman J. J. , Kellermanns F. W. ,
2012, "The Adolescence of Family Firm Research: Taking Stock and Planning for
the Future", *Journal of Management*, 38 (4), pp. 1010 –1037.

240. Gersick K. E. , Davis J. A. , Hampton M. M. , Lansberg I. , 1997,
Generation to generation: Life cycles of the family business. Boston: Harvard Busi-
ness Press.

241. Gersick K. E. , Lansberg I. , Desjardins M. , Dunn B. , 1999, "Stages and transitions: Managing change in the family business", *Family Business Review*, 12 (4), pp. 287 – 297.

242. Gilding M. , Gregory S. , Cosson B. , 2015, "Motives and Outcomes in Family Business Succession Planning", *Entrepreneurship: Theory & Practice*, 39 (2), pp. 299 – 312.

243. Gilson R. J. & Gordon J. N. , 2003, "Controlling controlling share-holders", *University of Pennsylvania Law Review*, 152 (2), pp. 785 – 843.

244. Glover J. L. & Reay T. , 2015, "Sustaining the Family Business With Minimal Financial Rewards: How Do Family Farms Continue?", *Family Business Review*, 28 (2), pp. 163 – 177.

245. Gomes A. R. & Novaes W. , 2005, "Sharing of control as a corporate governance mechanism", Available at SSRN: 277111.

246. Gomez-Mejia L. , Cruz C. , Imperatore C. , 2014, "Financial Reporting and the Protection of Socioemotional Wealth in Family-Controlled Firms", *European Accounting Review*, 23 (3), pp. 387 – 402.

247. Gomez-Mejia L. R. , Campbell J. T. , Martin G. , Hoskisson R. E. , Makri M. , Sirmon D. G. , 2014, "Socioemotional Wealth as a Mixed Gamble: Revisiting Family Firm R&D Investments With the Behavioral Agency Model", *Entrepreneurship Theory and Practice*, 38 (6), pp. 1351 – 1374.

248. Gomez-Mejia L. R. , Cruz C. , Berrone P. , De Castro J. , 2011, "The Bind That Ties: Socioemotional Wealth Preservation in Family Firms", *The Academy of Management Annals*, 5 (1), pp. 653 – 707.

249. Gomez-Mejia L. R. , Haynes K. T. , Núñez-Nickel M. , Jacobson K. J. , Moyano-Fuentes J. , 2007, "Socioemotional Wealth and Business Risks in Family-controlled Firms: Evidence from Spanish Olive Oil Mills", *Administrative Science Quarterly*, 52 (1), pp. 106 – 137.

250. Gomez-Mejia L. R. , Makri M. , Kintana M. L. , 2010, "Diversifica-

tion Decisions in Family-Controlled Firms", *Journal of Management Studies*, 47 (2), pp. 223 – 252.

251. Gomez-Mejia L. R. , Nunez-Nickel M. , Gutierrez I. , 2001, "The role of family ties in agency contracts", *Academy of Management Journal*, 44 (1), pp. 81 – 95.

252. Grossman S. J. & Hart O. D. , 1986, "The Costs and Benefits of Ownership: A Theory of Vertical and Lateral Integration", *The Journal of Political Economy*, pp. 691 – 719.

253. Habbershon T. G. & Williams M. L. , 1999, "A resource-based framework for assessing the strategic advantages of family firms", *Family Business Review*, 12 (1), pp. 1 – 25.

254. Habbershon T. G. , Williams M. , MacMillan I. C. , 2003, "A unified systems perspective of family firm performance", *Journal of Business Venturing*, 18 (4), pp. 451 – 465.

255. Hamadi M. , 2010, "Ownership concentration, family control and performance of firms", *European Management Review*, 7 (2), pp. 116 – 131.

256. Handler W. C. , 1989, "Methodological issues and considerations in studying family businesses", *Family Business Review*, 2 (3), pp. 257 – 276.

257. Hart O. & Moore J. , 1990, "Property Rights and the Nature of the Firm". Journal of Political Economy, 98 (6), pp. 1119 – 1158.

258. Hauck J. , Suess-Reyes J. , Beck S. , Prügl R. , Frank H. , 2016, "Measuring socioemotional wealth in family-owned and -managed firms: A validation and short form of the FIBER Scale", *Journal of Family Business Strategy*, 7 (3), pp. 133 – 148.

259. Hedberg P. R. & Danes S. M. , 2012, "Explorations of dynamic power processes within copreneurial couples", *Journal of Family Business Strategy*, 3 (4), pp. 228 – 238.

260. Hermalin B. E. & Weisbach M. S. , 2001, "Boards of Directors as an

Endogenously Determined Institution: A Survey of the Economic Literature" National Bureau of Economic Research, w8161.

261. Hoffman J. , Hoelscher M. , Sorenson R. , 2006, "Achieving sustained competitive advantage: A family capital theory", *Family Business Review*, 19 (2), pp. 135 –145.

262. Holt D. T. , Rutherford M. W. , Kuratko D. F. , 2010, "Advancing the field of family business research: Further testing the measurement properties of the F-PEC", *Family Business Review*, 23 (1), pp. 76 –88.

263. Huang X. , Chen L. , Xu E. , Lu F. , Tam K. , 2019, "Shadow of the Prince: Parent-incumbents' Coercive Control over Child-successors in Family Organizations", *Administrative Science Quarterly*, 65 (3), pp. 710 –750.

264. Hutton A. P. , 2007, "A discussion of 'corporate disclosure by family firms'", *Journal of Accounting and Economics*, 44 (1 –2), pp. 287 –297.

265. Jain B. A. & Shao Y. , 2014, "Family Involvement and Post-IPO Investment Policy", *Family Business Review*, 27 (4), pp. 287 –306.

266. Jaskiewicz P. , Heinrichs K. , Rau S. B. , Reay T. , 2016, "To Be or Not to Be: How Family Firms Manage Family and Commercial Logics in Succession", *Entrepreneurship: Theory & Practice*, 40 (4), pp. 781 –813.

267. Jensen M. C. & Meckling W. H. , 1976, "Theory of the firm: Managerial behavior, agency costs and ownership structure", *Journal of Financial Economics*, 3 (4), pp. 305 –360.

268. Jiang Y. & Peng M. W. , 2011, "Are family ownership and control in large firms good, bad, or irrelevant?", *Asia Pacific Journal of Management*, 28 (1), pp. 15 –39.

269. Jin K. & Park C. , 2015, "Separation of Cash Flow and Voting Rights and Firm Performance in Large Family Business Groups in Korea", *Corporate Governance: An International Review*, 23 (5), pp. 434 –451.

270. Johnson S. , La Porta R. , Lopez, De, Silanes F. , Shleifer A. , 2000,

"Tunneling", *American Economic Review*, 90, pp. 22 – 27.

271. Joshua J. D. , Daniel T. H. , James J. C. , Rebecca G. L. , 2016, "Examining Family Firm Succession From a Social Exchange Perspective", *Family Business Review*, 29 (1), pp. 44 – 64.

272. Karra N. , Tracey P. , Phillips N. , 2006, "Altruism and Agency in the Family Firm: Exploring the Role of Family, Kinship, and Ethnicity", *Entrepreneurship Theory and Practice*, 30 (6), pp. 861 – 877.

273. Kepner E. , 1983, "The family and the firm: A coevolutionary perspective", *Organizational Dynamics*, 12 (1), pp. 57 – 70.

274. Klein S. B. , Astrachan J. H. , Smyrnios K. X. , 2005, "The F-PEC Scale of Family Influence: Construction, Validation, and Further Implication for Theory", *Entrepreneurship Theory and Practice*, 29 (3), pp. 321 – 339.

275. Knack S. & Keefer P. , 1997, "Does Social Capital Have an Economic Payoff? A Cross-Country Investigation*", *The Quarterly Journal of Economics*, 112 (4), pp. 1251 – 1288.

276. Koffi V. , Guihur I. , Morris T. , Fillion G. , 2014, "Family Business Succession: How Men and Women Predecessors can Bring Credibility to Their Successors?", *Entrepreneurial Executive*, 19, pp. 67 – 85.

277. Kotlar J. , Fang H. , De Massis A. , Frattini F. , 2014, "Profitability Goals, Control Goals, and the R&D Investment Decisions of Family and Nonfamily Firms", *Journal of Product Innovation Management*, 31 (6), pp. 1128 – 1145.

278. Laeven L. & Levine R. , 2009, "Bank Governance, Regulation and Risk Taking", *Journal of Financial Economics*, 93 (2), pp. 259 – 275.

279. Lansberg I. , Perrow E. L. , Rogolsky S. , 1988, "Family business as an emerging field", *Family Business Review*, 1 (1), pp. 1 – 8.

280. Laux V. & Mittendorf B. , 2011, "Board Independence, Executive Pay, and the Adoption of Pet Projects", *Contemporary Accounting Research*, 28 (5), pp. 1467 – 1483.

281. Le Breton-Miller I. , Miller D. , Lester R. H. , 2011, "Stewardship or Agency? A Social Embeddedness Reconciliation of Conduct and Performance in Public Family Businesses", *Organization Science*, 22 (3), pp. 704 – 721.

282. Le Breton-Miller I. , Miller D. , Steier L. P. , 2004, "Toward an Integrative Model of Effective FOB Succession", *Entrepreneurship: Theory & Practice*, 28 (4), pp. 305 – 328.

283. Lee J. , 2006, "Family Firm Performance: Further Evidence", *Family Business Review*, 19 (2), pp. 103 – 114.

284. Lee J. M. , Kim J. , Bae J. , 2020, "Founder CEOs and innovation: Evidence from CEO sudden deaths in public firms", *Research Policy*, 49 (1), pp. 1 – 14.

285. Lee P. M. & O'Neill H. M. , 2003, "Ownership Structures and R&D Investments of US and Japanese Firms: Agency and Stewardship Perspectives", *Academy of Management Journal*, 46 (2), pp. 212 – 225.

286. Leiß G. & Zehrer A. , 2018, "Intergenerational communication in family firm succession", *Journal of Family Business Management*, 8 (1), pp. 75 – 90.

287. Liang Q. , Li X. , Yang X. , Lin D. , Zheng D. , 2013, "How does family involvement affect innovation in China?", *Asia Pacific Journal of Management*, 30 (3), pp. 677 – 695.

288. Liang X. , Wang L. , Cui Z. , 2014, "Chinese Private Firms and Internationalization: Effects of Family Involvement in Management and Family Ownership", *Family Business Review*, 27 (2), pp. 126 – 141.

289. Lien Y. & Li S. , 2014, "Professionalization of Family Business and Performance Effect", *Family Business Review*, 27 (4), pp. 346 – 364.

290. Lin C. , Ma Y. , Malatesta P. , Xuan Y. , 2012, "Corporate Ownership Structure and Bank Loan Syndicate Structure", *Journal of Financial Economics*, 104 (1), pp. 1 – 22.

291. Littunen H. & Hyrsky K. , 2000, "The Early Entrepreneurial Stage in Finn-

ish Family and Nonfamily Firms", *Family Business Review*, 13 (1), pp. 41 −53.

292. Littunen H. , 2003, "Management capabilities and environmental characteristics in the critical operational phase of entrepreneurship—A comparison of Finnish family and nonfamily firms", *Family Business Review*, 16 (3), pp. 183 −197.

293. Litz R. A. , 1995, "The family business: Toward definitional clarity", *Family Business Review*, 8 (2), pp. 71 −81.

294. Liu Q. , Luo T. , Tian G. G. , 2015, "Family control and corporate cash holdings: Evidence from China", *Journal of Corporate Finance*, 31, pp. 220 −245.

295. Li W. , Bruton G. D. , Li X. , Wang S. , 2021, "Transgenerational Succession and R&D Investment: A Myopic Loss Aversion Perspective", *Entrepreneurship Theory and Practice*, pp. 193 −222.

296. Li X. , Wang S. S. , Wang X. , 2019, "Trust and IPO underpricing", *Journal of Corporate Finance*, 56, pp. 224 −248.

297. Li X. , Wang S. S. , Wang X. , 2017, "Trust and stock price crash risk: Evidence from China", *Journal of Banking & Finance*, 76, pp. 74 −91.

298. Longenecker J. G. & Schoen J. E. , 1986, "Management succession in the family business", *Journal of Small Business Management*, 16 (3), pp. 1 −6.

299. López De Silanes F. , La Porta R. , Shleifer A. , 1999, "Corporate Ownership Around the World", *Journal of Finance*, 54 (2), pp. 471 −517.

300. Luan C. , Chen Y. , Huang H. , Wang K. , 2018, "CEO succession decision in family businesses-A corporate governance perspective", *Asia Pacific Management Review*, 23 (2), pp. 130 −136.

301. Marshall J. P. , Sorenson R. , Brigham K. , Wieling E. , Reifman A. , Wampler R. S. , 2006, "The paradox for the family firm CEO: Owner age relationship to succession-related processes and plans", *Journal of Business Venturing*, 21 (3), pp. 348 −368.

302. Martin G. , Campbell J. , Gomez-Mejia L. , 2014a, "Family Control, Socioemotional Wealth and Earnings Management in Publicly Traded Firms", *Jour-*

nal of Business Ethics, pp. 1 – 17.

303. Martin G. , Campbell J. , Gomez-Mejia L. , 2014b, "Family Control, Socioemotional Wealth and Earnings Management in Publicly Traded Firms", *Journal of Business Ethics*, pp. 1 – 17.

304. Massis A. D. , Sieger P. , Chua J. H. , Vismara S. , 2016, "Incumbents' Attitude Toward Intrafamily Succession", *Family Business Review*, 29 (3), pp. 278 – 300.

305. Matzler K. , Veider V. , Hautz J. , Stadler C. , 2015, "The Impact of Family Ownership, Management, and Governance on Innovation", *Journal of Product Innovation Management*, 32 (3), pp. 319 – 333.

306. Maury B. , 2006, "Family Ownership and Firm Performance: Empirical Evidence from Western European Corporations", *Journal of Corporate Finance*, 12 (2), pp. 321 – 341.

307. Mazzi C. , 2011, "Family business and financial performance: Current state of knowledge and future research challenges", *Journal of Family Business Strategy*, 2 (3), pp. 166 – 181.

308. Mcgivern C. , 1978, "The Dynamics of Management Succession: A Model of Chief Executive Succession in the Small Family Firm", *Family Business Review*, 2 (1), pp. 401 – 411.

309. Meier O. & Schier G. , 2016, "The Early Succession Stage of a Family Firm", *Family Business Review*, 29 (3), pp. 256 – 277.

310. Miller D. & Breton Miller L. , 2014, "Deconstructing Socioemotional Wealth", *Entrepreneurship Theory and Practice*, 38 (4), pp. 713 – 720.

311. Miller D. , Le Breton-Miller I. , Lester R. H. , Cannella Jr A. A. , 2007, "Are Family Firms Really Superior Performers?", *Journal of Corporate Finance*, 13 (5), pp. 829 – 858.

312. Miller D. , Le Breton-Miller I. , Lester R. H. , 2013, "Family Firm Governance, Strategic Conformity, and Performance: Institutional vs. Strategic

Perspectives", *Organization Science*, 24 (1), pp. 189 – 209.

313. Molly V. , Laveren E. , Deloof M. , 2010, "Family business succession and its impact on financial structure and performance", *Family Business Review*, 23 (2), pp. 131 – 147.

314. Morck R. K. , Stangeland D. A. , Yeung B. , 2000, "Inherited Wealth, Corporate Control, and Economic Growth: The Canadian Disease?", *National Bureau of Economic Research*, pp. 319 – 369.

315. Morck R. , Shleifer A. , Vishny R. W. , 1988, "Management ownership and market valuation: An empirical analysis", *Journal of Financial Economics*, 20, pp. 293 – 315.

316. Morck R. & Yeung B. , 2003, "Agency problems in large family business groups", *Entrepreneurship Theory and Practice*, 27 (4), pp. 367 – 382.

317. Morck R. & Yeung B. , 2004, "Family Control and the Rent-seeking Society", *Entrepreneurship Theory and Practice*, 28 (4), pp. 391 – 409.

318. Munari F. , Oriani R. , Sobrero M. , 2010, "The Effects of Owner Identity and External Governance Systems on R&D Investments: A Study of Western European Firms", *Research Policy*, 39 (8), pp. 1093 – 1104.

319. Murphy J. T. , 2002, "Networks, Trust, and Innovation in Tanzania's Manufacturing Sector", *World Development*, 30 (4), pp. 591 – 619.

320. Neubauer F. & Lank A. G. , 1998, *The Family Business: Its Governance and Sustainability.* Routledge, New York.

321. Neubauer H. , 2003, "The Dynamics of Succession in Family Businesses in Western European Countries", *Family Business Review*, 16 (4), pp. 269 – 281.

322. Parker S. C. , 2016, "Family Firms and the 'Willing Successor' Problem", *Entrepreneurship: Theory & Practice*, 40 (6), pp. 1241 – 1259.

323. Pevzner M. , Xie F. , Xin X. , 2015, "When firms talk, do investors listen? The role of trust in stock market reactions to corporate earnings announcements", *Journal of Financial Economics*, 117 (1), pp. 190 – 223.

324. Poza E. J. & Messer T. , 2001, "Spousal Leadership and Continuity in the Family Firm", *Family Business Review*, 14 (1), pp. 25 – 36.

325. Pérez-González F. , 2006, "Inherited Control and Firm Performance", *The American Economic Review*, 96 (5), pp. 1559 – 1588.

326. Pukthuanthong K. , Walker T. J. , Thiengtham D. N. , 2013, "Does family ownership create or destroy value? Evidence from Canada", *International Journal of Managerial Finance*, 9 (1), pp. 13 – 48.

327. Qin W. , Liang Q. , Jiao Y. , Lu M. , Shan Y. , 2022, "Social trust and dividend payouts: Evidence from China", *Pacific-Basin Finance Journal*, 72, pp. 101726.

328. Renzulli L. A. , Aldrich H. , Moody J. , 2000, "Family matters: Gender, networks, and entrepreneurial outcomes", *Social Forces*, 79 (2), pp. 523 – 546.

329. Rousseau M. B. , Kellermanns F. , Zellweger T. , Beck T. E. , 2018, "Relationship Conflict, Family Name Congruence, and Socioemotional Wealth in Family Firms", *Family Business Review*, 31 (4), pp. 397 – 416.

330. Sacristán-Navarro M. , Gómez-Ansón S. , Cabeza-García L. , 2011, "Family ownership and control, the presence of other large shareholders, and firm performance: Further evidence", *Family Business Review*, 24 (1), pp. 71 – 93.

331. Schlepphorst S. & Moog P. , 2014, "Left in the dark: Family successors' requirement profiles in the family business succession process", *Journal of Family Business Strategy*, 5 (4), pp. 358 – 371.

332. Schmid T. , Achleitner A. , Ampenberger M. , Kaserer C. , 2014, "Family Firms and R&D Behavior-New Evidence from a Large-scale Survey", *Research Policy*, 43 (1), pp. 233 – 244.

333. Schulze W. S. , Lubatkin M. H. , Dino R. N. , Buchholtz A. K. , 2001, "Agency relationships in family firms: Theory and evidence", *Organization Science*, 12 (2), pp. 99 – 116.

334. Schulze W. S. , Lubatkin M. H. , Dino R. N. , 2003, "Toward a The-

ory of Agency and Altruism in Family Firms", *Journal of Business Venturing*, 18 (4), pp. 473 – 490.

335. Sciascia S. , Nordqvist M. , Mazzola P. , De Massis A. , 2015, "Family Ownership and R&D Intensity in Small- and Medium-Sized Firms", *Journal of Product Innovation Management*, 32 (3), pp. 349 – 360.

336. Scott Willam R. :《财务会计理论》，机械工业出版社，北京，2000 年。

337. Shanker M. C. & Astrachan J. H. , 1996, "Myths and realities：Family businesses' contribution to the US economy—A framework for assessing family business statistics", *Family Business Review*, 9 (2), pp. 107 – 123.

338. Sharma A. & Dave S. , 2013, "Small Scale Family Business Succession and Sustainability：A Study in Chattisgarh", *Journal of Management*, 4 (2), pp. 17 – 27.

339. Sharma P. , 2004, "An Overview of the Field of Family Business Studies：Current Status and Directions for the Future", *Family Business Review*, 17 (1), pp. 1 – 36.

340. Sharma P. , 2003a, "Stakeholder mapping technique：Toward the development of a family firm typology" *Working Paper*. Wilfrid Laurier University.

341. Sharma P. , Chrisman J. J. , Chua J. H. , 1996, *A review and annotated bibliography of family business studies*. Kluwer Academic Publishers, Assinippi Park.

342. Sharma P. , Chrisman J. J. , Chua J. H. , 2003b, "Predictors of satisfaction with the succession process in family firms", *Journal of Business Venturing*, 18 (5), pp. 667 – 687.

343. Sharma P. , Chrisman J. J. , Chua J. H. , 2003c, "Succession planning as planned behavior：Some empirical results", *Family Business Review*, 16 (1), pp. 1 – 15.

344. Sharma P. , Chrisman J. J. , Gersick K. E. , 2012, "25 Years of Family Business Review：Reflections on the Past and Perspectives for the Future",

Family Business Review, 25（1）, pp. 5 – 15.

345. Sharma P. , Pablo A. L. , Chua J. H. , Professor A. , Chrisman J. J. , 2001, "Determinants of Initial Satisfaction with the Succession Process in Family Firms: A Conceptual Model", *Entrepreneurship Theory & Practice*, 8（3）, pp. 17 – 36.

346. Shim J. & Okamuro H. , 2011, "Does ownership matter in mergers? A comparative study of the causes and consequences of mergers by family and non-family firms", *Journal of Banking & Finance*, 35（1）, pp. 193 – 203.

347. Shleifer A. & Vishny R. W. , 1997, "A survey of corporate governance", *The Journal of Finance*, 52（2）, pp. 737 – 783.

348. Shleifer A. & Vishny R. W. , 1994, "Politicians and firms", *The Quarterly Journal of Economics*, 109（4）, pp. 995 – 1025.

349. Sirmon D. G. & Hitt M. A. , 2003, "Managing Resources: Linking Unique Resources, Management, and Wealth Creation in Family Firms", *Entrepreneurship Theory and Practice*, 27（4）, pp. 339 – 358.

350. Sraer D. & Thesmar D. , 2007, "Performance and behavior of family firms: Evidence from the French stock market", *Journal of the European Economic Association*, 5（4）, pp. 709 – 751.

351. Stock A. H. & Yogo M. , 2005, *Testing for weak instruments in Linear Iv regression*. Cambridge University Press, Cambridge, UK.

352. Stockmans A. , Lybaert N. , Voordeckers W. , 2010, "Socioemotional wealth and earnings management in private family firms", *Family Business Review*, 23（3）, pp. 280 – 294.

353. Swamy V. , 2012, "Corporate Governance in Family Owned Small Firms", *Available at SSRN* 2126756.

354. Tagiuri R. & Davis J. A. , 1992, "On the goals of successful family companies", *Family Business Review*, 5（1）, pp. 43 – 62.

355. Tan W. & Fock S. T. , 2001, "Coping with growth transitions: The

case of Chinese family businesses in Singapore", *Family Business Review*, 14 (2), pp. 123 – 139.

356. Tatoglu E. , Kula V. , Glaister K. W. , 2008, "Succession Planning in Family-owned Businesses", *International Small Business Journal*, 26 (2), pp. 155 – 180.

357. Tirole J. , 2001, "Corporate governance", *Econometrica*, pp. 1 – 35.

358. Tribo J. A. , Berrone P. , Surroca J. , 2007, "Do the type and number of blockholders influence R&D investments? New evidence from Spain", *Corporate Governance: An International Review*, 15 (5), pp. 828 – 842.

359. Van Auken H. & Werbel J. , 2006, "Family Dynamic and Family Business Financial Performance: Spousal Commitment", *Family Business Review*, 19 (1), pp. 49 – 63.

360. Vandekerkhof P. , Steijvers T. , Hendriks W. , Voordeckers W. , 2015, "The Effect of Organizational Characteristics on the Appointment of Nonfamily Managers in Private Family Firms: The Moderating Role of Socioemotional Wealth", *Family Business Review*, 28 (2), pp. 104 – 122.

361. Van Essen M. , Carney M. , Gedajlovic E. R. , Heugens P. P. M. A. , 2015, "How does Family Control Influence Firm Strategy and Performance? A Meta-Analysis of US Publicly Listed Firms", *Corporate Governance: An International Review*, 23 (1), pp. 3 – 24.

362. Venter E. , Boshoff C. , Maas G. , 2005, "The Influence of Successor-Related Factors on the Succession Process in Small and Medium-Sized Family Businesses", *Family Business Review*, 18 (4), pp. 283 – 303.

363. Villalonga B. & Amit R. , 2009, "How Are U. S. Family Firms Controlled?", *Review of Financial Studies*, 22 (8), pp. 3047 – 3091.

364. Villalonga B. & Amit R. , 2006, "How Do Family Ownership, Control and Management Affect Firm Value?", *Journal of Financial Economics*, 80 (2), pp. 385 – 417.

365. Vishny R. W. & Shleifer A. , 1993, *Corruption*. The Quarterly Joural of Economics, 108 (3), pp. 599 –617.

366. Ward J. L. , 1987, *Keeping the family business healthy: How to plan for continuing growth, profitability, and family leadership.* Jossey-Bass, San Francisco.

367. Wennberg K. , Wiklund J. , Hellerstedt K. , Nordqvist M. , 2011, "Implications of intra-family and external ownership transfer of family firms: short-term and long-term performance differences", *Strategic Entrepreneurship Journal*, 5 (4), pp. 352 –372.

368. White W. S. , Krinke T. D. , Geller D. L. , 2004, "Family business succession planning: Devising an overall strategy", *Journal of Financial Service Professionals*, 58 (3), pp. 67 –86.

369. Williamson O. E. , 1975, "Markets and hierarchies", *New York*, pp. 26 –30.

370. Williamson O. E. , 1985, *The Economic Intstitutions of Capitalism.* Academy of Management Reriew, 12 (2), pp. 385 –387.

371. Williamson O. E. , 1979, "Transaction-Cost Economics: The Governance of Contractual Relations", *Journal of Law and Economics*, 22 (2), pp. 233 –261.

372. Wooldridge J. M. , 2010, *Econometric analysis of cross section and panel data.* MIT Press.

373. Xia L. , 2008, "Founder control, ownership structure and firm value: evidence from entrepreneurial listed firms in China", *China Journal of Accounting Research*, 1, pp. 31 –49.

374. Xu N. , Yuan Q. , Jiang X. , Chan K. C. , 2015, "Founder's political connections, second generation involvement, and family firm performance: Evidence from China", *Journal of Corporate Finance*, 33, pp. 243 –259.

375. Yang B. , Song Z. , Feng Y. , 2021, "Institutional Environment, State Ownership and Family Business Succession: Evidence from China", *Asia-Pacific Journal of Financial Studies*, 50 (5), pp. 527 –555.

376. Zahra S. A. , 2005, "Entrepreneurial Risk Taking in Family Firms", *Family Business Review*, 18 (1), pp. 23 – 40.

377. Zahra S. A. & Sharma P. , 2004, "Family business research: A strategic reflection", *Family Business Review*, 17 (4), pp. 331 – 346.

378. Özcan B. & Bjørnskov C. , 2011, "Social trust and human development", *Journal of Behavioral and Experimental Economics (formerly the Journal of Socio-Economics)*, 40 (6), pp. 753 – 762.

379. Zeff S. A. , 1978, *The rise of economic consequences.* Division of Research, Graduate School of Business Administration, Harvard University.

380. Zellweger T. & Kammerlander N. , 2015, "Family, Wealth, and Governance: An Agency Account", *Entrepreneurship Theory and Practice*, 39 (6), pp. 1281 – 1303.

381. Zellweger T. M. & Astrachan J. H. , 2008, "On the Emotional Value of Owning a Firm", *Family Business Review*, 21 (4), pp. 347 – 363.

382. Zellweger T. M. , Kellermanns F. W. , Chrisman J. J. , Chua J. H. , 2012, "Family Control and Family Firm Valuation by Family CEOs: The Importance of Intentions for Transgenerational Control", *Organization Science*, 23 (3), pp. 851 – 868.

383. Zellweger T. M. & Nason R. S. , 2008, "A stakeholder perspective on family firm performance", *Family Business Review*, 21 (3), pp. 203 – 216.

384. Zellweger T. M. , Nason R. S. , Nordqvist M. , 2012, "From Longevity of Firms to Transgenerational Entrepreneurship of Families Introducing Family Entrepreneurial Orientation", *Family Business Review*, 25 (2), pp. 136 – 155.

2